Aline Kurt

30 x Gesunde Ernährung für 45 Minuten

Klasse 1/2

Ausgearbeitete Stunden zur Gesundheitserziehung

Verlag an der Ruhr

Impressum

Titel
30 x Gesunde Ernährung für 45 Minuten – Klasse 1/2
Ausgearbeitete Stunden zur Gesundheitserziehung

Autorin
Aline Kurt

Titelbildmotive
Sergiy Bykhunenko – Fotolia.com; Uhr-Icon, Notizzettel: © Verlag an der Ruhr

Illustrationen
Anja Boretzki (wenn nicht anders angegeben)

Druck
AZ Druck und Datentechnik GmbH, Kempten, DE

Verlag an der Ruhr
Mülheim an der Ruhr
www.verlagruhr.de

Geeignet für die Klassen 1–2

ISBN 978-3-8346-3095-7

Inhaltsverzeichnis

Klasse 1

Klasse 2

Eine detailliertere Übersicht über die Angebote finden Sie auf den Seiten 5 und 56.

Vorwort

Liebe Leser*,

ich freue mich, dass Sie dieses Buch in den Händen halten. Es zeugt davon, dass Ihnen das Thema „Gesunde Ernährung" genauso am Herzen liegt wie mir.
Vor allem in der heutigen Zeit gewinnt die Thematik immer mehr an Bedeutung. Ernährungsbedingte Zivilisationskrankheiten, wie Adipositas, Diabetes, Gicht etc., sind längst kein Thema mehr, das nur Erwachsene betrifft. Umso wichtiger ist es, dass wir unsere Kinder frühzeitig aufklären und ihnen die gesunde Ernährung schmackhaft machen. Natürlich ohne dabei mahnend den Zeigefinger zu erheben!

Ernährung lebt vom Ausprobieren und von der eigenen Erkenntnis. Und wie ginge dies leichter als mit einem möglichst handlungsorientierten Unterricht? Sehen Sie deshalb bitte an manchen Stellen die etwas längeren Materiallisten nach. Vor allem in Klasse 1 sind Realien unabdingbar, da den wenigsten Kindern ein breites Spektrum gesunder Lebensmittel bekannt ist.

Zum Aufbau des Buches

In diesem Buch finden Sie 30 ausgearbeitete Unterrichtsstunden, die in Klasse 1 und 2 unterteilt sind. Selbstverständlich können Sie hier frei wählen und müssen die vorgegebene Reihenfolge nicht einhalten. So können Sie durchaus Stunden, die für Klasse 1 gedacht sind, auch in Klasse 2 durchführen und umgekehrt.
An dieser Stelle möchte ich Sie nur darauf hinweisen, dass die ersten 15 Stunden dieses Buches so konzipiert sind, dass sie keinerlei Lese- oder Schreibkompetenz erfordern. Ich habe mich bewusst für diese Vorgehensweise entschieden, da ich aus eigener Erfahrung weiß, wie schwierig es ist, für die erste Klasse geeignete Materialien zu finden.

Jede der 30 Stunden ist auf 45 Minuten ausgelegt.
Zu Beginn jeder Stunde finden Sie ein oder zwei Lehrerseiten, die alle nötigen Informationen beinhalten:

- kurze Stundenzusammenfassung
- Kompetenzerwartungen
- benötigtes Material
- Vorbereitungshinweise
- ausführliche Beschreibung des Stundenverlaufs

An die Lehrerseiten knüpfen direkt einsetzbare Materialien an. Dabei handelt es sich um:

- Bastelanleitungen
- Bildvorlagen
- Rezepte
- Arbeitsblätter

Nun wünsche ich Ihnen und Ihrer Klasse viel Spaß mit 30 x gesunder Ernährung!

Ihre Aline Kurt

* Aus Gründen der besseren Lesbarkeit haben wir in diesem Buch durchgehend die männliche Form verwendet. Natürlich sind damit auch immer Frauen und Mädchen gemeint, also Lehrerinnen, Schülerinnen etc.

Übersicht über die Angebote

1. **Ein Fest für die Sinne**
   Ausgewählte Lebensmittel mithilfe der Sinne (Sehen, Schmecken, Fühlen, Riechen) erkunden

2. **Süß, sauer, salzig oder bitter?**
   Die vier Geschmacksrichtungen anhand ausgewählter Nahrungsmittel definieren und unterscheiden

3. **Hygiene ist wichtig!**
   Ausgewählte Maßnahmen und deren Hintergrund anhand einer Geschichte und Bildmaterialien kennenlernen

4. **Obst**
   Ausgewählte Obstsorten mittels eines Bingo-Spiels kennen- und benennen lernen

5. **Gemüse**
   Exemplarische heimische Gemüsesorten anhand einer Fühlkiste kennenlernen und als Salat bzw. Gemüsesuppe verkosten

6. **Fünf am Tag**
   Obst und Gemüse anhand eines Spiels unterscheiden lernen; Fünf-Portionenplan anhand der Lieblingsobst- und -gemüsesorten entwickeln

7. **Zuckeralternativen**
   Die gesundheitlichen Nachteile von Haushaltszucker anhand einer Geschichte erarbeiten; gesunde Zuckeralternativen kennenlernen und verkosten

8. **Sind „Kinderprodukte" gesund?**
   Produktvielfalt mittels der Placemat-Methode aktivieren, Zuckermenge in exemplarischen Produkten schätzen

9. **Wasser – deine Lebensquelle**
   Anhand eines Experiments die Bedeutung von Wasser erkennen; mittels einer spannenden Bildbetrachtungsmethode erkennen, dass der eigene Körper zu $^2/_3$ aus Wasser besteht

10. **Warum ist Nahrung so wichtig?**
    Mittels einer Fantasiereise die Bedeutung von Nahrung als Energielieferant kennenlernen

11. **Gesunde Naschereien**
    Eigene Meinung über industriell gefertigte Süßigkeiten überdenken; gesunde Alternativen herstellen und probieren

12. **Der Ernährungskreis**
    Den Ernährungskreis kennenlernen; Nahrungsmittel richtig zuordnen

13. **Fit für den Tag**
    Frühstücksgewohnheiten ermitteln; die Bedeutung eines gesunden und ausgewogenen Frühstücks kennenlernen

14. **Pausensnacks**
    Sich geeigneter Nahrungsmittel für Zwischenmahlzeiten bewusst werden; repräsentative Lebensmittel testen

15. **Gutes und Schlechtes für die Zähne**
    Anhand zweier Experimente die Auswirkung bestimmter Lebensmittel auf die Zahnsubstanz erkennen; zahnfreundliche von zahnschädlichen Lebensmitteln unterscheiden lernen; Zähneputzen als aktive Maßnahme zur Erhaltung der Zahngesundheit erkennen

1. Ein Fest für die Sinne

Darum geht's

In dieser Stunde erkunden Ihre Schüler ausgewählte Nahrungsmittel unter Einsatz ihrer Sinne. Zu Beginn betrachten sie ausgewählte saisonale Obst- und Gemüsesorten und analysieren diese mit der Talking-Chips-Methode in Kleingruppen hinsichtlich ihrer Haptik, ihres Geruchs und Geschmacks. Klären Sie bitte unbedingt im Vorfeld, ob eines der Kinder an einer Nahrungsmittelintoleranz oder -allergie (vgl. Liste der aufgeführten Obst- und Gemüsesorten) leidet. Tauschen Sie in diesem Fall das potenzielle Allergen gegen ein anderes Obst oder Gemüse aus.
Noch eine Bitte zum Schluss: Verzichten Sie bitte in dieser Unterrichtsstunde auf die genaue Klassifizierung von „Obst" und „Gemüse". Hier geht es lediglich darum, dass die Kinder ihre Sinne gezielt einsetzen. Auf S. 17–23 finden Sie speziell konzipierte Unterrichtsstunden, die sich mit der Thematik „Obst" bzw. „Gemüse" auseinandersetzen.

Kompetenzerwartungen

Die Kinder
- schulen ihre Sinne,
- werden offen für die Optik, Haptik, den Geruch und Geschmack verschiedener Lebensmittel,
- lernen, Lebensmittel ganzheitlich zu genießen.

Materialliste

Für jede 4er-Gruppe:
- 1 Bogen grünes, rotes, gelbes und blaues Papier
- Geschirrtücher
- Talking-Chips-Vorlage (S. 8)
- 1 Korb oder Schale
- 1 Banane
- 1 Apfel
- 1 Birne
- 1 weitere saisonale Obstsorte (z. B. Erdbeere, Pflaume, Orange …)
- 4 Tomaten
- $^1/_2$ Gurke
- 1 Paprika
- 2 Möhren

Für jedes Kind:
- Schere
- Schneidebrett
- Messer
- Kittel oder Schürze
- Teller
- Gabel

Das bereiten Sie vor

Waschen Sie die Obst- und Gemüsesorten und trocknen Sie diese gut ab. Arrangieren Sie die Nahrungsmittel für jede Gruppe in einem Korb oder einer Schale. Arrangieren Sie jeweils zwei Tische und vier Stühle zu Gruppentischen.
Kopieren Sie die Talking-Chips-Vorlage „Fühlen, Riechen, Schmecken" (S. 8) für jede 4er-Gruppe jeweils einmal auf grünes, rotes, gelbes und blaues Papier.

Stundenverlauf

1. Einstieg (ca. 10 Minuten)

Bilden Sie mit den Kindern einen Sitzkreis. Stellen Sie einen der vorbereiteten Obst- und Gemüsekörbe für alle gut sichtbar in die Mitte. Geben Sie den Kindern zunächst ausreichend Gelegenheit, die Vielfalt in Ruhe zu betrachten. Es ist wichtig, dass die Kinder während dieser Phase zunächst nicht sprechen, sodass jeder die Nahrungsmittel in Ruhe ansehen kann.
Nutzen Sie anschließend die folgenden Fragen zur Besprechung:
- *Was siehst du?*
- *Was ist das, was du da siehst?*
- *Sehen alle Nahrungsmittel gleich aus?*
- *Welche Farben/Formen siehst du?*

Ein Fest für die Sinne

- *Welches dieser Nahrungsmittel sieht für dich am schönsten aus?*
- *Was gefällt dir daran am besten?*
- *Welches Nahrungsmittel würdest du vom Aussehen her nicht essen wollen?*
- *Woran liegt das?*

2. Arbeitsphase (ca. 30 Minuten)

Bitten Sie die Kinder, sich in 4er-Gruppen zusammenzufinden. Sollte dies aufgrund der Klassenstärke nicht möglich sein, können Sie zusätzlich auch ein bis zwei 3er-Gruppen bilden lassen. Lassen Sie Ihren Schülern bei der Wahl der Gruppenzusammensetzung unbedingt freie Hand, da das „Fest der Sinne" durch die Übungsformen ein gewisses Maß an Vertrauen voraussetzt.
Händigen Sie jedem Gruppenmitglied die Talking-Chips-Vorlage in einer anderen Farbe (grün, rot, gelb oder blau) und eine Schere aus. Die Kinder schneiden die Talking-Chips zunächst aus. In einem weiteren Schritt erhält jede Gruppe einen der vorbereiteten Körbe sowie die benötigten Materialien (Schneidebretter, Messer, etc.). Die Kinder waschen sich die Hände, schälen die Banane und schneiden sie ebenso wie die übrigen Obst- und Gemüsesorten klein.

Wichtig: Helfen Sie den Kindern bitte bei besonders harten Obst- und Gemüsesorten (z. B. Apfel, Möhre etc.), um Schnittverletzungen vorzubeugen. Weisen Sie Ihre Schüler bitte außerdem darauf hin, dass sie beim Schneiden auf ihre Finger achten müssen!

Die klein geschnittenen Nahrungsmittel verteilen die Kinder gleichmäßig auf den Tellern, sodass jedes Gruppenmitglied die gleiche Anzahl jeder Sorte zur Verfügung hat. Im Anschluss untersuchen die Kinder die Nahrungsmittel zunächst hinsichtlich der Haptik: Wie fühlen sie sich an? Diese Übung führt jedes Kind zunächst für sich durch. Im Anschluss tauschen sich die Kinder darüber mithilfe der Talking-Chips-Methode aus: Jedes Kind darf sich hierbei zunächst zur Haptik äußern. Dazu legt es einen seiner Talking-Chips mit dem Handsymbol in die Mitte des Gruppentischs. Sobald das Kind mit seinen Ausführungen fertig ist, darf sich das nächste Gruppenmitglied äußern. Dazu legt es ebenfalls einen seiner „Hand-Chips" in die Mitte. Auf diese Weise verfahren die Kinder, bis alle Chips mit diesem Symbol in der Mitte liegen. Dabei „bewerten" sie alle Nahrungsmittel. Im zweiten Durchgang beschäftigen sich die Kinder mit dem Geruch der Lebensmittel und tauschen sich darüber mithilfe ihrer „Nasen-Talking-Chips" auf die oben beschriebene Weise aus. Zum Schluss dürfen die Kinder dann alle Obst- und Gemüsesorten probieren und sich mithilfe der „Mund-Talking-Chips" über den Geschmack austauschen.

3. Abschluss (ca. 5 Minuten)

Nachdem alle Gruppen ihre Tische aufgeräumt haben, kommen sie erneut in einem Sitzkreis zusammen.
Nutzen Sie die folgenden Fragen zur Besprechung:

- *Wie war es für dich, all die Dinge zu fühlen, zu riechen und zu schmecken?*
- *Hast du das vorher schon einmal so gemacht?*
- *Welches der Lebensmittel hat sich für dich am besten angefühlt?*
- *Warum war das so?*
- *Welches Nahrungsmittel hat für dich am besten gerochen? Warum?*
- *Welches Lebensmittel hat dir am besten geschmeckt?*
- *Warum finden wir eigentlich nicht alle das gleiche toll?*

Machen Sie an dieser Stelle deutlich, dass die Lebensmittel-Vorlieben verschieden sind, da jedes Kind ein individuelles Lebewesen ist.

Fühlen, Riechen, Schmecken

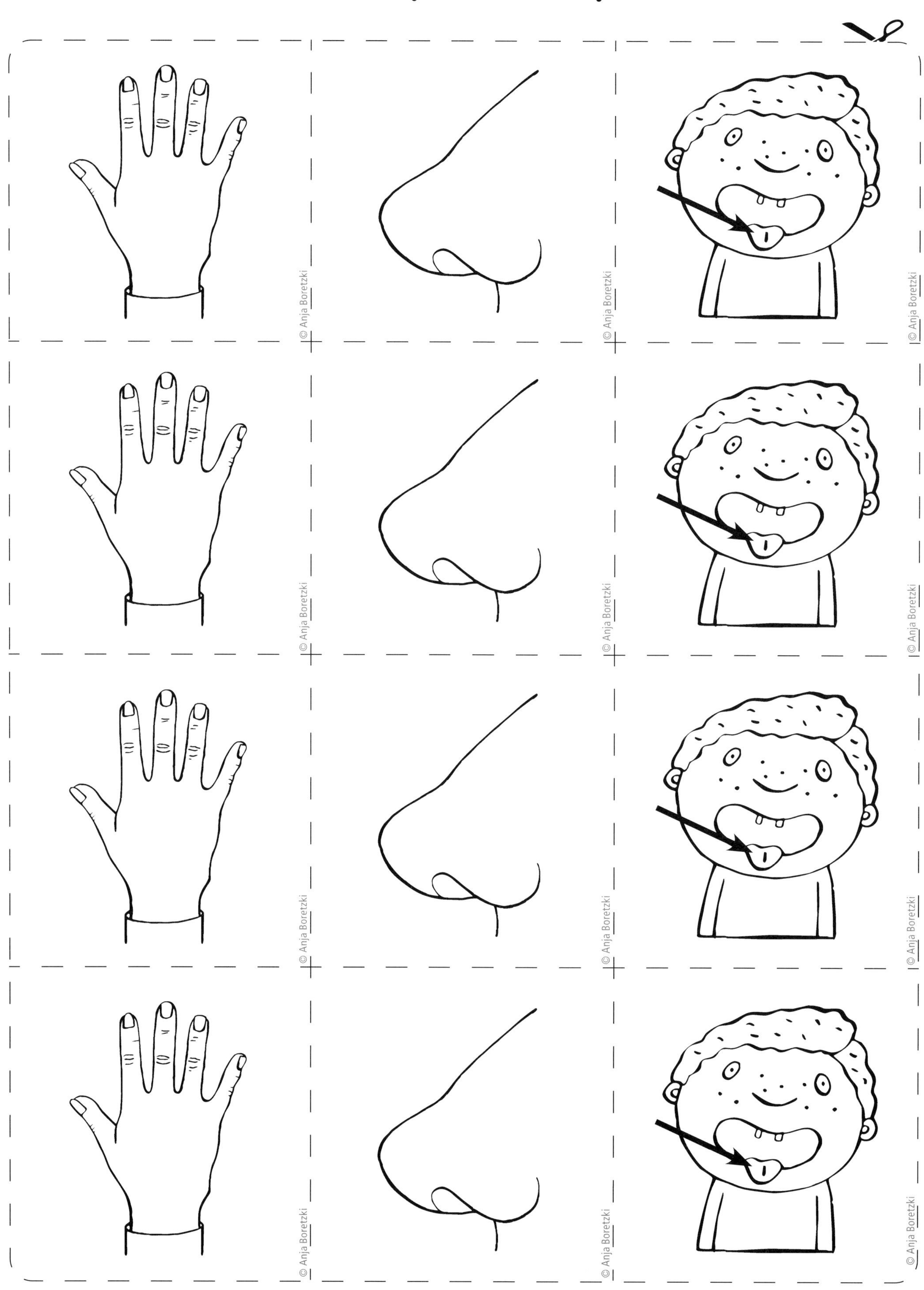

© Verlag an der Ruhr | Autorin: Aline Kurt | ISBN 978-3-8346-3095-7 | www.verlagruhr.de

2. Süß, sauer, salzig oder bitter?

Darum geht's

In dieser Stunde lernen die Kinder die vier Geschmacksrichtungen kennen, können diese benennen und differenzieren. Zum Einstieg testen sie vier verschiedene, selbst gemixte „Getränke" und benennen die Geschmacksrichtungen. Anschließend verkosten sie ausgewählte Obst- und Gemüsesorten, teilen diese den Kategorien süß, sauer und bitter zu und differenzieren innerhalb der Kategorien noch einmal.
Auch wenn diese Stunde auf den ersten Blick äußerst vorbereitungsintensiv erscheint, sollten Sie sich und den Kindern den daraus resultierenden Spaß und Lernzuwachs nicht vorenthalten. Es lohnt sich! Da viele Kinder erschreckenderweise kaum frisches Obst- und Gemüse kennen, ist es wichtig, dass Sie hier für die Arbeitsphase auf Realien zurückgreifen.

Kompetenzerwartungen

Die Kinder
- können die Geschmacksrichtungen benennen und unterscheiden,
- lernen, innerhalb der einzelnen Geschmacksrichtungen zu differenzieren.

Materialliste (für 24 Kinder)

- Bildvorlage (S. 11)
- 4 Becher
- Messer
- 9 Teller
- 4 Klebezettel
- 1 Filzstift
- Trinkwasser
- 2 TL Rohrzucker
- 2 TL Zitronensaft
- 1 TL Salz
- 2 TL Löwenzahnpulver
- 1 Löffel
- 6 Bananen
- 1 Melone
- 2 Paprika
- 4 säuerliche Äpfel
- 1 kleine Schale Johannisbeeren
- 6 Tomaten
- 3 Grapefruits
- 1 Radicchio
- 1 Chicorée

Für jedes Kind:
- Arbeitsblätter (S. 12/13)
- Schere
- Kleber
- 4 Teelöffel
- 1 Gabel

Tipp: Löwenzahnpulver erhalten Sie in Bioläden und Reformhäusern. Alternativ können Sie auch Kamillentropfen verwenden. Diese enthalten allerdings weniger Bitterstoffe.

Das bereiten Sie vor

Schreiben Sie die vier Geschmacksrichtungen *süß, sauer, salzig* und *bitter* jeweils auf einen Klebezettel und fixieren Sie diese auf der Unterseite der vier Becher. Füllen Sie jeden Becher mit Wasser und geben Sie entsprechend der Beschriftung etwas Rohrzucker, Zitronensaft, Salz oder Löwenzahnpulver hinzu. Rühren Sie die Mischungen gut um.
Vergrößern Sie die Bildvorlage (S. 11) auf DIN A3 und schneiden Sie die drei Schilder aus.
Für jedes Kind benötigen Sie eine Kopie des Arbeitsblattes „Wie schmecken die Nahrungsmittel?" (S. 12).
Waschen Sie das Obst und Gemüse. Schneiden Sie es in kleine Stücke und arrangieren Sie jede Sorte auf einem Teller.
Stellen Sie drei Tische frei zugänglich im Klassenraum auf. Legen Sie auf jedem Tisch eine der ausgeschnittenen Schilder von S. 11 („Süß, sauer, bitter?") aus. Positionieren Sie entsprechend den Geschmacksrichtungen darauf die vorbereiteten Lebensmittel:
Tisch „süß": Banane, Melone, Paprika
Tisch „sauer": Apfel, Johannisbeere, Tomate
Tisch „bitter": Grapefruit, Radicchio, Chicorée

Süß, sauer, salzig oder bitter?

Stundenverlauf

1. Einstieg (ca. 10 Minuten)

Kommen Sie mit den Kindern im Sitzkreis zusammen. Erzählen Sie ihnen, dass Sie sich heute ausschließlich dem „Geschmack" widmen möchten. Reichen Sie dazu jedem Kind einen Teelöffel. Lassen Sie den ersten Becher herumgehen. Jedes Kind darf aus Hygienegründen seinen Löffel nur einmal in den Becher tauchen und etwas von der Flüssigkeit probieren. Sobald alle probiert haben, benennen die Kinder die Geschmacksrichtung und erzählen, welche Lebensmittel ebenfalls süß, salzig, sauer oder bitter schmecken. Verfahren Sie mit allen Bechern auf die oben beschriebene Weise. Denken Sie daran, den Kindern für jede Verkostung einen frischen Teelöffel zu reichen.

2. Arbeitsphase (ca. 25 Minuten)

Teilen Sie den Kindern das erste Arbeitsblatt „Wie schmecken die Nahrungsmittel?" (S. 12) aus und nennen Sie ihnen die Aufgabenstellung:
Ihr seht hier drei verschiedene Tische. Auf jedem Tisch findet ihr entweder süße, saure oder bittere Lebensmittel. Welche es sind, seht ihr auf dem Schild. Dort steht auch eine Zahl. Probiert bitte alle Lebensmittel. Sucht anschließend das passende Bild dazu auf dem Arbeitsblatt heraus und schreibt die Nummer dazu.

Sobald alle Kinder fertig sind und ihre Plätze wieder eingenommen haben, erhalten sie das zweite Arbeitsblatt (S. 13). Erklären Sie auch hier wieder, was zu tun ist:
Schneidet alle Bilder aus und legt sie zuerst in die richtige Reihe eurer Tabelle. Überlegt anschließend, welches Lebensmittel in der „Reihe süß"

- *etwas süß,*
- *ziemlich süß oder*
- *besonders süß war.*

Klebt dann das Bild an die Stelle +, ++ oder +++. Das macht ihr auch mit den sauren und bitteren Lebensmitteln. Zum Schluss könnt ihr alle Bilder anmalen.

3. Abschluss (ca. 10 Minuten)

Vergleichen Sie zunächst die Arbeitsergebnisse im Plenum, bevor Sie den Stundeninhalt gemeinsam anhand der folgenden Fragen reflektieren:

- *Du hast nun vier verschiedene Geschmacksrichtungen kennengelernt. Weißt du noch, wie sie heißen?*
- *Welchen Geschmack magst du am liebsten?*
- *Warum ist das so?*

Weisen Sie die Kinder bitte abschließend darauf hin, dass all diese Nahrungsmittel gut für unseren Körper sind und er auch Lebensmittel braucht, die im ersten Moment nicht zu unseren Favoriten zählen. Bitterstoffe und saure Lebensmittel sind wichtig für eine geregelte Verdauung, salzige Lebensmittel braucht der Körper, damit er genug Wasser binden kann und süße, gesunde (!) Lebensmittel, sorgen dafür, dass wir uns stark fühlen und gut denken können.

Süß, sauer, bitter?

1

Süße Lebensmittel

Abb.: © Anja Boretzki

2

Saure Lebensmittel

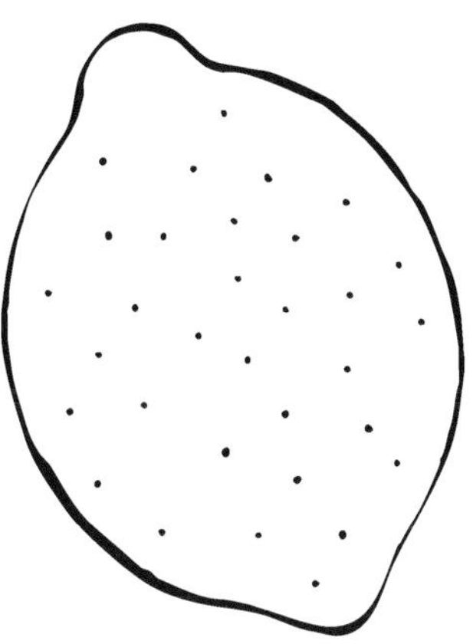

Abb.: © Anja Boretzki

3

Bittere Lebensmittel

Abb.: © Ursula Arndt

 © Verlag an der Ruhr | Autorin: Aline Kurt | ISBN 978-3-8346-3095-7 | www.verlagruhr.de

Wie schmecken die Nahrungsmittel? (1/2)

1. Probiere die Lebensmittel. Wie schmecken sie?
Schreibe die passenden Zahlen in die Kreise:

süß = **1** sauer = **2** bitter = **3**

2. Schneide die Kärtchen aus.

3. Ordne die Kärtchen in die Tabelle (Seite 13) ein und sortiere:

Was ist ein wenig süß, sauer, bitter? → (+)

Was ist süß, sauer, bitter? → (++)

Was ist sehr süß, sauer, bitter? → (+++)

4. Klebe die Kärtchen in das richtige Feld der Tabelle ein.

5. Male die Bilder an.

 © Verlag an der Ruhr | Autorin: Aline Kurt | ISBN 978-3-8346-3095-7 | www.verlagruhr.de

Wie schmecken die Nahrungsmittel? (2/2)

	+	++	+++
süß Abb.: © Anja Boretzki			
sauer Abb.: © Anja Boretzki			
bitter Abb.: © Ursula Arndt			

3. Hygiene ist wichtig!

Darum geht's

Viele hygienische Aspekte, wie beispielsweise das obligatorische Händewaschen vor dem Essen, empfinden viele Kinder als nötiges Übel. Das mag zum Teil auch daran liegen, dass sie nicht wissen, warum diese Handlungen so wichtig sind. Hier setzt die folgende Unterrichtsstunde an. Die Kinder lernen hier nicht nur ausgewählte Hygienemaßnahmen kennen, sondern lernen auf kindgerechter Weise auch etwas über Bakterien. Dazu hören die Kinder zunächst eine Geschichte, bevor sie vorgegebenes Bildmaterial im Hinblick auf richtiges und falsches Verhalten sortieren.

Kompetenzerwartungen

Die Kinder

- kennen grundlegende Hygienemaßnahmen und
- verstehen deren Bedeutung.

Materialliste

Arbeitsblatt „Richtig oder falsch?"(S. 16)

Das bereiten Sie vor

Kopieren Sie das Arbeitsblatt (S. 16) für jedes Kind.

Stundenverlauf

1. Einstieg (ca. 15 Minuten)

Bilden Sie mit den Kindern einen Sitzkreis. Lesen Sie ihnen die folgende Geschichte vor. Unter jedem Abschnitt finden Sie Impulsfragen, die Ihnen bei der Besprechung helfen.

Beim Essen

Als Louis aus der Schule nach Hause kommt, strömt ihm aus der Küche ein himmlischer Duft entgegen. Louis läuft das Wasser im Mund zusammen. Mhm, das riecht nach Reibekuchen mit frischem Apfelmus – Mama hat mein Lieblingsessen gekocht, denkt Louis. Vor lauter Vorfreude wirft er seine Schultasche in die Ecke. Noch im Laufen zieht er schnell seine Jacke und die Schuhe aus und lässt alles achtlos fallen. So schnell er kann, sprintet er zu Mama in die Küche. Und da sieht er sein Lieblingsessen auch schon in der Pfanne brutzeln. „Hast du schon Reibekuchen fertig?", will Louis von Mama wissen. Mama schüttelt den Kopf: „Es dauert noch einen kleinen Augenblick. Aber wasch doch schon mal deine Hände. Dann können wir gleich essen." Louis stöhnt. Dieses ständige Händewaschen vor dem Essen geht ihm ganz schön auf die Nerven. Wozu soll das überhaupt gut sein?

- *Kannst du verstehen, dass Louis genervt ist?*
- *Warum soll er seine Hände waschen?*
- *Machst du das auch vor dem Essen?*

Louis läuft ins Bad und schaut langsam am Türrahmen vorbei, ob Mama gerade zu ihm schaut. Dann lässt er den Wasserhahn kurz laufen, ohne sich die Hände zu waschen und rennt zurück in die Küche.

- *Wie denkst du darüber?*

Dort tunkt er den Zeigefinger der linken Hand in die Schale mit frischem Apfelmus und schleckt ihn genüsslich ab.

- *Wie findest du das?*

Plötzlich steht Mama mit den dampfenden Reibekuchen im Zimmer. Ihr Blick verrät nichts Gutes. Sie scheint sauer zu sein. Immerhin hat sie mitbekommen, dass Louis nur so getan hat, als würde er seine Hände waschen.

→

Hygiene ist wichtig!

„Louis, ich habe dir schon hundertmal gesagt, dass du dir vor dem Essen die Hände waschen sollst. Überall um dich herum sind Bakterien, die im Essen nichts verloren haben. Außerdem sollst du nicht mit deinen Fingern im Essen rummengen. Das ist unappetitlich. Nimm dir das nächste Mal bitte einen Löffel zum Probieren", erklärt Mama.
Louis nickt. Das war echt daneben. Das weiß er selbst. Er hat nur irgendwie nicht an Mamas Essensregeln gedacht. „Entschuldigung. Kommt nicht mehr vor. Kannst du mir erklären, was du mit den Bakterien meinst?", will Louis wissen.

- *Was könnte Mama ihm antworten? Hast du eine Idee?*

„Bakterien sind winzig kleine Lebewesen, die überall auf der Erde leben. Einige Bakterien leben sogar in und auf unserem Körper. Jedes dieser Lebewesen hat eine bestimmte Aufgabe. Manche helfen dir dabei, aus der Nahrung alle gesunden Sachen rauszuholen, damit du fit bist. Andere sorgen dafür, dass du dich wohlfühlst. Es gibt aber auch Bakterien, die deinem Körper schaden. Sie vertreiben zum Beispiel die guten Bakterien, die für deinen Körper so wichtig sind. Deshalb ist es auch wichtig, dass du vor dem Essen deine Hände wäschst, nicht mit den Fingern das Essen berührst und keine Gegenstände am Esstisch herumliegen lässt", erklärt Mama.
Nun ist Louis einiges klar. Endlich haben all diese Regeln auch einen Grund.

- *Welche Regeln rund ums Essen gibt es bei dir zu Hause?*
- *Welche Regeln kennst du außerdem?*

2. Arbeitsphase (ca. 20 Minuten)

Teilen Sie die Kinder in 2er-Gruppen ein. Zurück am Platz erhält jedes Kind das Arbeitsblatt „Richtig oder falsch?" (S. 16). Erklären Sie ihnen die Arbeitsanweisungen oder lesen Sie diese vor.
Auf dem Arbeitsblatt befinden sich vier Bilder. Die Kinder malen zunächst die Ränder derjenigen Bilder grün an, auf denen bestimmte Hygienemaßnahmen eingehalten werden:

Die Bilder, auf denen falsches Verhalten dargestellt ist, bekommen einen roten Rahmen. Mit ihrem Partner besprechen und finden sie mögliches Verhalten, das in den dargestellten Situationen richtig gewesen wäre.

3. Abschluss (ca. 10 Minuten)

Die Kinder malen auf die Rückseite der „falschen" Bilder ihre Lösungsvorschläge, was man stattdessen hätte tun können.
Geben Sie den Kindern abschließend die Gelegenheit, ihre Bilder im Plenum vorzustellen.

Richtig oder falsch?

1. **Welche Kinder verhalten sich richtig?**
   Male den Rand der Bilder grün.

2. **Was machen die anderen Kinder falsch?**
   Male den Rand der Bilder rot.

3. **Sprich mit einem Partner über das falsche Verhalten.**
   Was müssen diese Kinder anders machen?
   Malt eure Vorschläge auf die Rückseite.

© Verlag an der Ruhr | Autorin: Aline Kurt | ISBN 978-3-8346-3095-7 | www.verlagruhr.de

Obst

Darum geht's

In dieser Stunde lernen die Kinder ausgewählte Obstsorten kennen. Zum Einstieg aktivieren sie mittels der Schnittkreis-Methode ihr Vorwissen, bevor sie ein Bingo-Spiel gestalten und ausprobieren.

Kompetenzerwartungen

Die Kinder
- können ausgewählte Obstsorten benennen,
- wissen, wie die Obstsorten aussehen.

Materialliste

- Kopiervorlage (S. 18), 1/2 Klassensatz
- Kopiervorlagen (S. 20/21)
- Bildvorlage (S. 19)
- Folie
- bunte Folienstifte
- OHP
- Schere für jedes Kind
- Kleber für jedes Kind

Das bereiten Sie vor

Kopieren Sie die Schnittkreisvorlage „Obstkorb" (S. 18) für jede 2er-Gruppe.
Kopieren Sie die Bildvorlage „Obstsorten" (S. 19) sowie die beiden Vorlagen „Bingo-Spielfeld" (S. 20) und „Bingo-Körbe" (S. 21) für jedes Kind. Ziehen Sie die Bildvorlage „Obstsorten" zusätzlich auf Folie und fertigen Sie eine weitere Kopie davon an.

Stundenverlauf

1. Einstieg (ca. 10 Minuten)

Die Kinder finden sich zu zweit zusammen. Teilen Sie jedem Paar eine Schnittkreisvorlage „Obstkorb" aus. Bitten Sie die Kinder, zu überlegen, welche Obstsorten sie kennen. Jedes Kind zeichnet vier Obstsorten in die vor ihm liegende Korbhälfte, ohne darauf zu achten, was der Partner malt. Anschließend vergleichen die Partner ihre Ergebnisse und malen Früchte, die sie beide kannten und gezeichnet haben, in die Schnittfläche.
Geben Sie anschließend jedem Paar die Gelegenheit, ihre Ergebnisse im Plenum kurz vorzustellen.

2. Arbeitsphase (ca. 25 Minuten)

Es gibt viele verschiedene Obstsorten. Jede Obstsorte sieht nicht nur anders aus, sondern schmeckt auch anders. Teilen Sie Ihren Schülern die Bildvorlage „Obstsorten" (S. 19) aus und legen Sie die vorbereitete Folie auf den OHP. Gehen Sie die dargestellten Obstsorten der Reihe nach durch. Fragen Sie die Kinder bei jeder Sorte nach dem Namen und der Farbe. Malen Sie das Obst mit den Folienstiften entsprechend an. Warten Sie, bis alle Kinder das entsprechende Obst ebenfalls auf ihrer Kopie ausgemalt haben. Verfahren Sie, wie oben beschrieben, weiter, bis alle Obstsorten identifiziert und ausgemalt wurden. Teilen Sie den Kindern anschließend die Vorlagen „Bingo-Spielfeld" und „Bingo-Körbe" aus. Die Kinder schneiden die Obst-Bilder aus, mischen sie und kleben sie auf die Bingo-Vorlage. Anschließend schneiden sie die „Bingo-Körbe" aus. Nutzen Sie diese Zeit, um die Bilder auf ihrer zusätzlichen Kopie (S. 19) ebenfalls auszuschneiden, zu mischen und daraus einen Stapel zu bilden.

3. Abschluss (ca. 10 Minuten)

Spielen Sie gemeinsam mit den Kindern Obst-Bingo. Ziehen Sie dazu eine Karte vom Stapel und nennen Sie die entsprechende Obstsorte. Ihre Schüler suchen diese auf dem Spielfeld und decken die Zeichnung mithilfe eines Korb-Symbols ab. Wer zuerst vier Körbe in einer Reihe (senkrecht, waagerecht oder diagonal) abgedeckt hat, ist Sieger und verkündet dies mit dem traditionellen „Bingo"-Ruf.

Obstkorb

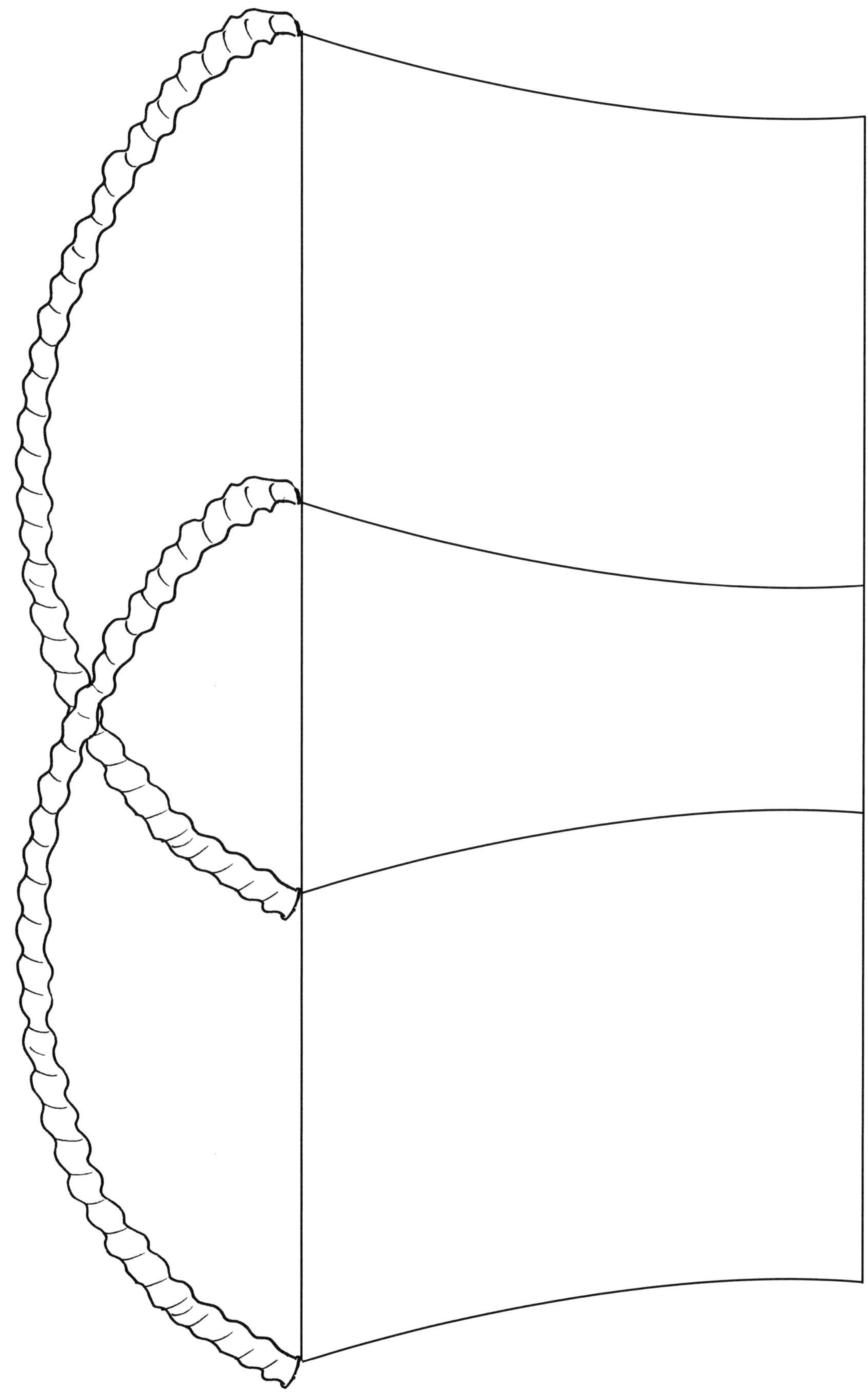

Obstsorten

Bingo-Spielfeld

Bingo-Körbe

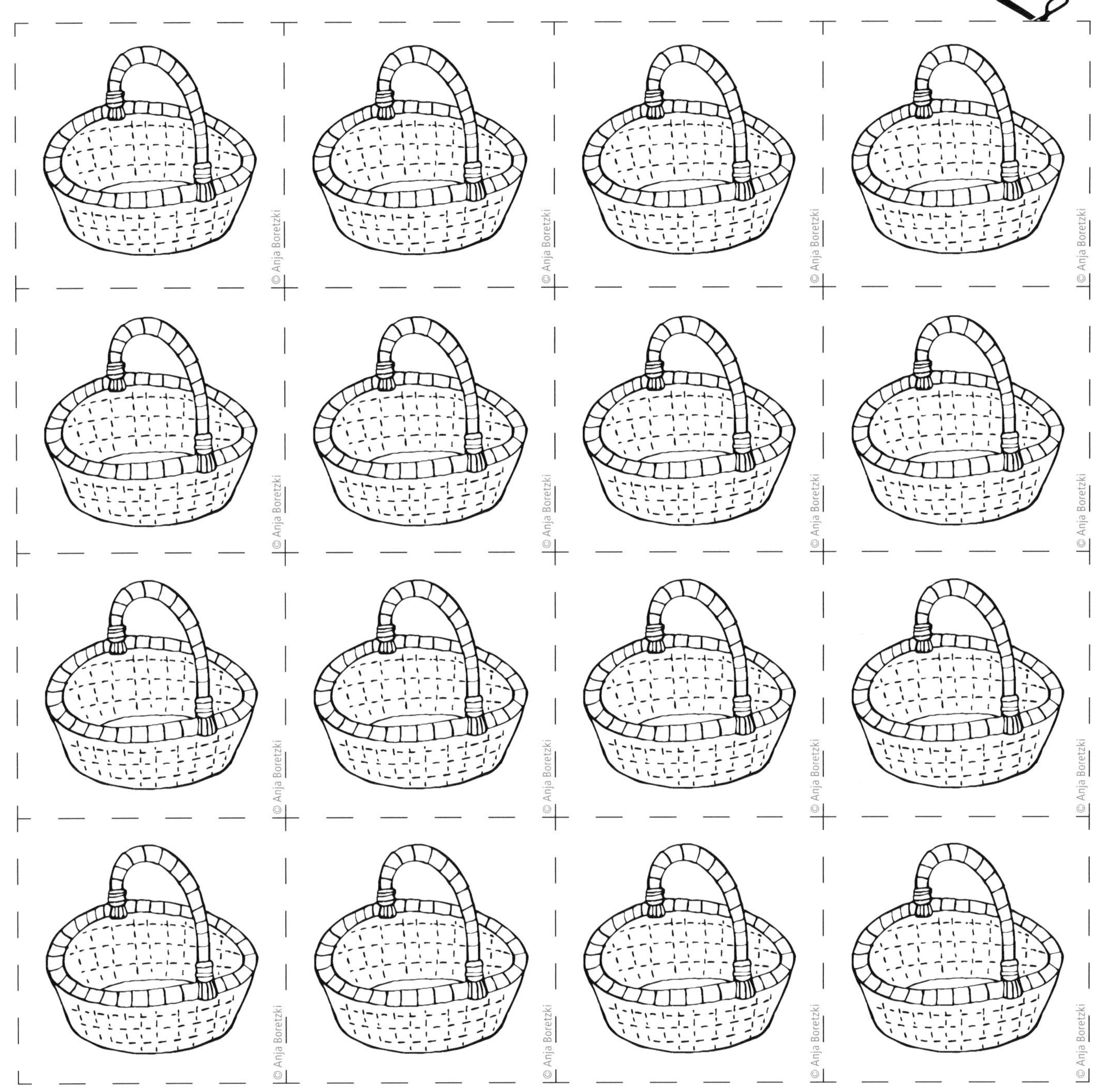

 © Verlag an der Ruhr | Autorin: Aline Kurt | ISBN 978-3-8346-3095-7 | www.verlagruhr.de

5. Gemüse

Darum geht's

Viele Kinder haben gegenüber Gemüse große Vorbehalte. Einige gehen sogar so weit, es ganz abzulehnen. Dass Gemüse aber nicht gleich Gemüse ist und die Natur mit ihrer Vielfalt für jeden Geschmack mindestens eine Lieblingssorte bereithält, erfahren die Kinder in dieser Stunde. Lassen Sie sich hier bitte nicht von der langen „Materialliste" abschrecken. Mit einem Einkauf beim Gemüsehändler bzw. Bioladen können Sie alle Zutaten besorgen und Kochtopf etc. finden Sie gewiss in der Schulküche.
Die Realien sind an dieser Stelle äußerst wichtig, da Sie den Kindern nur die „Angst" bzw. den Argwohn vor dem Gemüse nehmen können, wenn sie es auch probieren können. Und in der Gruppe gelingt dies erfahrungsgemäß leichter!
Sollte Ihre Schule nicht über eine Küche verfügen, so fragen Sie im Kollegium oder bei den Eltern nach einer Kochplatte. Damit verwandeln Sie dann das Klassenzimmer im Handumdrehen in eine Küche.
Zum Einstieg lernen die Kinder ausgewählte heimische Gemüsesorten mithilfe einer Fühlkiste kennen. Damit das Gemüse auch gleich verwertet wird, verarbeiten die Kinder es zu Salat bzw. Gemüsesuppe und verkosten es abschließend.

Kompetenzerwartungen

Die Kinder
- kennen ausgewählte heimische Gemüsesorten,
- bereiten daraus einen Salat und eine Gemüsesuppe zu.

Materialliste (für 24 Kinder)

- 1 Kohlrabi
- 12 Möhren
- 2 Zwiebeln
- 1 Staudensellerie
- 2 Bund Radieschen
- 2 Lauchstangen
- 1 Gurke
- 6 Zucchini
- 6 Paprika (rot, grün, gelb)
- 6 Tomaten
- 1 Kopf Salat
- Essig
- Öl
- Salz
- Honig
- Schnittlauch
- 3 Liter Gemüsebrühe
- nach Belieben frische Kräuter
- 1 große Holzkiste oder Karton
- 1 Decke
- 1 Kochtopf
- 1 Schale
- 1 Sieb
- 1 Suppenkelle
- Salatbesteck
- 1 Schüssel

Für jedes Kind:
- Schneidebrett
- 1 Messer
- Schürze
- 1 Teller
- 1 Suppenteller
- 1 Löffel
- 1 Gabel

Das bereiten Sie vor

Legen Sie das Gemüse der Reihe nach vorsichtig in die Kiste oder den Karton. Bedecken Sie es mit der Decke. Das Gemüse brauchen Sie an dieser Stelle noch nicht zu waschen, da die Kinder es während der Einstiegsphase berühren werden.

Gemüse

Stundenverlauf

1. Einstieg (ca. 10 Minuten)

Nehmen Sie mit den Kindern im Sitzkreis Platz. Erzählen Sie ihnen, dass Sie heute etwas Spannendes mitgebracht haben. Reihum darf nun jedes Kind nacheinander vorsichtig, ohne die Decke wegzuziehen, in die Kiste greifen, eines der Mitbringsel befühlen und seine Wahrnehmungen laut aussprechen (Das, was ich fühle, ist glatt, hart, weich, rund, länglich etc.). Sobald das Kind glaubt, das Mitbringsel erraten zu haben, nennt es den Namen und holt das Gemüse vorsichtig aus der Kiste. Liegt das Kind mit seiner Vermutung richtig, legt es das Gemüse neben die Kiste. Wird der Name falsch benannt, dürfen die anderen Kinder mutmaßen, wie das Gemüse heißen könnte. Sobald der Name richtig genannt wurde, wandert das Gemüse zurück in die Kiste.
Verfahren Sie auf diese Weise, bis alle Gemüsesorten richtig erraten bzw. benannt wurden.

2. Arbeitsphase (ca. 20 Minuten)

Teilen Sie die Kinder in zwei gleich große Gruppen ein. Jedes Kind erhält ein Schneidebrett, ein Messer und eine Schürze.
Teilen Sie Gruppe 1 die Gurke, Tomaten, Radieschen und den Salat aus. Gruppe 2 erhält das übrige Gemüse. Beide Gruppen waschen und schälen ggf. das Gemüse und schneiden es klein.

Wichtig: Helfen Sie den Kindern bitte bei besonders harten Gemüsesorten (z. B. Möhre, Kohlrabi etc.), um Schnittverletzungen vorzubeugen. Weisen Sie Ihre Schüler bitte außerdem darauf hin, dass sie beim Schneiden auf ihre Finger achten müssen!

Gruppe 1 stellt aus ihren Zutaten einen Salat her und richtet diesen in einer Schüssel an. Hier sollten Sie bei der Zubereitung der Salatsoße behilflich sein. Geben Sie dazu ca. 10 EL Wasser, 4 EL Öl, 1/2 TL Salz, 5 EL Essig, 1/2 TL Honig und 2 EL Schnittlauch in eine kleine Schale und verrühren Sie alle Zutaten, bis sich Essig und Öl verbunden haben.

Gruppe 2 kocht einen Eintopf. Dazu werden alle klein geschnittenen Zutaten in den Kochtopf gegeben und mit Gemüsebrühe aufgefüllt. Nachdem die Suppe kurz aufgekocht ist, lassen Sie diese auf mittlerer Hitze ca. 15 Minuten köcheln.

3. Abschluss (ca. 15 Minuten)

Essen Sie gemeinsam den zubereiteten Salat, während die Gemüsesuppe köchelt. Nutzen Sie die Wartezeit, um über die Zutaten zu sprechen:

- *Welches Gemüse schmeckt dir im Salat am besten?*
- *Wie hört und fühlt es sich an, wenn du auf dem Gemüse kaust?*
- *Ist das bei allen Sorten gleich?*
- *Warum ist das so?*
- *Welches Gemüse magst du nicht so gern?*
- *Denkst du, dass wir diese Gemüsesorten auch in die Suppe geben könnten?*

Teilen Sie anschließend die Suppe unter den Kindern auf. Bitten Sie die Schüler, beim Kauen einmal ganz bewusst auf die unterschiedlichen Gemüsesorten zu achten:

- *Wie schmeckt das Gemüse?*
- *Wie fühlt es sich in deinem Mund an?*
- *Welches Gemüse kanntest du schon vorher?*
- *Welches Gemüse hast du heute erst kennengelernt?*
- *Wie denkst du über dieses Gemüse?*

6. Fünf am Tag

Darum geht's

Ihre Schüler setzen sich mit Obst- und Gemüsesorten auseinander. Zu Beginn spielen sie ein Spiel, damit jeder möglichst viele Obst- und Gemüsesorten benennen kann. Dann ordnen die Kinder vorgegebenes Bildmaterial den beiden Kategorien zu und stellen sich einen individuellen Fünf-pro-Tag-Speiseplan zusammen.

Kompetenzerwartungen

Die Kinder

- können Obst und Gemüse voneinander unterscheiden,
- wissen, dass fünf Portionen Obst und Gemüse gesundheitsfördernd sind.

Materialliste

- Bildvorlagen (S. 25/26)
- Arbeitsblatt (S. 27)
- Schere
- Kleber
- Buntstifte

Das bereiten Sie vor

Kopieren Sie die Bildvorlagen (S. 25) zweifach für jedes Kind. Fertigen Sie eine weitere Kopie für sich an. Schneiden Sie die Bildkarten aus und bilden Sie daraus einen Stapel. Kopieren Sie die Vorlage „Obst oder Gemüse?" (S. 26). Trennen Sie die beiden Bilder voneinander ab und vergrößern Sie jedes Bild auf DIN A3. Das Arbeitsblatt (S. 27) benötigen Sie für jedes Kind.

Stundenverlauf

1. Einstieg (ca. 10 Minuten)

Spielen Sie mit den Kindern ein Spiel, bei dem sie die Obst- und Gemüsenamen kennenlernen. Kommen Sie dazu im Sitzkreis zusammen. Wählen Sie ein Kind aus. Das Kind zieht eine Karte aus dem vorbereiteten Stapel und flüstert Ihnen den Namen ins Ohr. Hat das Kind die Obst- oder Gemüsesorte richtig erkannt, beschreibt es den Mitschülern das Aussehen. Wer errät, um welches Nahrungsmittel es sich handelt, darf als Nächster eine Karte ziehen und das Obst bzw. Gemüse beschreiben. Verfahren Sie auf diese Weise mit allen Karten.

2. Arbeitsphase (ca. 15 Minuten)

Legen Sie im Sitzkreis alle Obst- und Gemüsekarten gut sichtbar in die Mitte. Erinnern Sie die Kinder daran, dass manche der Nahrungsmittel zum Obst und andere zum Gemüse zählen. Zeigen Sie ihnen nacheinander die beiden Bilder der Vorlagen „Obst oder Gemüse?"(S. 26). Ordnen Sie gemeinsam die Obst- und Gemüsebilder der Obstschale oder dem Kochtopf zu. Betrachten Sie gemeinsam die dargebotene Vielfalt und fragen Sie die Kinder, ob sie Obst und Gemüse als gesunde oder ungesunde Lebensmittel ansehen und wie sie dies begründen. Erzählen Sie ihnen, dass es wichtig ist, jeden Tag fünf Portionen von diesen Nahrungsmitteln zu essen. Dabei können Obst und Gemüse bunt gemischt werden. Wählen Sie gemeinsam aus den Bildkarten einige Beispiele aus, sodass den Kindern die Aufgabenstellung der Abschlussphase deutlich wird.

3. Abschluss (ca. 20 Minuten)

Zurück am Platz erhalten die Kinder die Bildvorlagen (S. 26) und das Arbeitsblatt (S. 27). Ihre Schüler wählen aus den Bildern Obst- und Gemüsesorten aus, die sie mögen und erstellen sich daraus einen Fünf-pro-Tag-Speiseplan, indem sie die Bilder in die vorgegebene Tabelle einkleben.

Obst und Gemüse

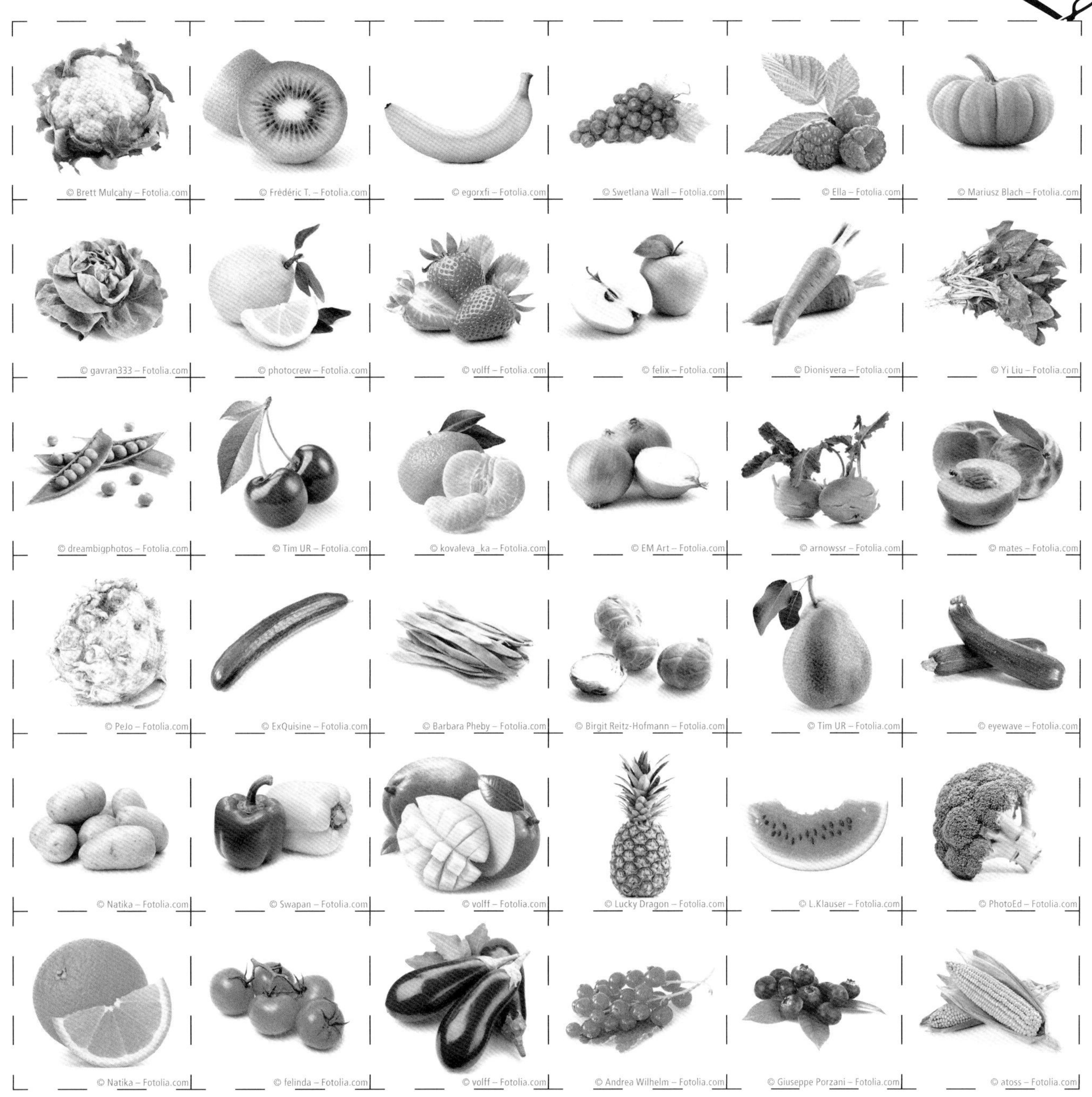

Obst oder Gemüse?

© Klaus Eppele – Fotolia.com

© angelo.gi – Fotolia.com

© Verlag an der Ruhr | Autorin: Aline Kurt | ISBN 978-3-8346-3095-7 | www.verlagruhr.de

Fünf am Tag

1. Was isst du gern? Suche für jeden Tag zwei Sorten Obst und drei Sorten Gemüse aus.

2. Schneide die Bilder von Seite 25 aus und klebe sie in die Tabelle.

Achte darauf, dass du jeden Tag andere Farben isst!

Montag	
Dienstag	
Mittwoch	
Donnerstag	
Freitag	
Samstag	
Sonntag	

7. Zuckeralternativen

Darum geht's

In dieser Stunde geht es um das Thema Zucker. Eine Einstiegsgeschichte sensibilisiert die Schüler für die gesundheitlichen Nachteile von Haushaltszucker, bevor sie gesunde Alternativen kennenlernen und diese in selbst gemachten Kokoskugeln testen.

Kompetenzerwartungen

Die Kinder

- wissen, dass übermäßiger Haushaltszuckerkonsum gesundheitliche Folgen nach sich ziehen kann,
- kennen gesunde Zuckeralternativen.

Materialliste

- 3 Dosen Kokosmilch
- 3 Päckchen Kokosraspeln
- je 1 Päckchen Kokosblütenzucker, Dattelzucker (Dattelsüße), Xylit (aus Birken) und Haushaltszucker
- 3 Schüsseln
- 1 Teller für jedes Kind
- Bildvorlage (S. 30)

Das bereiten Sie vor

Kopieren Sie die Bildvorlage (S. 30). Schneiden Sie die drei Bilder aus und vergrößern Sie jedes Bild auf DIN A4. Stellen Sie die Zutaten bereit. Kokosblütenzucker, Dattelzucker und Xylit erhalten Sie im Reformhaus oder Bioladen.

Stundenverlauf

1. Einstieg (ca. 10 Minuten)

Bilden Sie mit den Kindern einen Sitzkreis. Lesen Sie ihnen die folgende Geschichte vor. Unter jedem Abschnitt finden Sie Impulsfragen, die Sie zur Besprechung nutzen können.

Max und der Zuckerrausch

Max ist schrecklich langweilig. Keiner seiner Freunde hat heute Zeit. Noch nicht mal Mama ist zu Hause, um mit ihm zu spielen. Missmutig streift Max durch alle Räume. Er weiß so gar nicht, was er machen soll. Doch im Wohnzimmer hat er plötzlich eine Idee. Er könnte es sich ja vor dem Fernseher gemütlich machen. Gesagt – getan! Während Max sich durch die Programme knipst, bleibt er bei einer Werbung für Schokoriegel hängen. Max bekommt sofort Appetit. Er hat zwar eben erst in der Schule Mittag gegessen, aber für so einen leckeren Schokoriegel ist immer Platz im Bauch, denkt Max.

- *Kannst du verstehen, dass Max Lust auf etwas Süßes bekommt?*
- *Wann hast du Lust auf Süßigkeiten?*

Schnell läuft Max zum Süßigkeitenschrank. Wie gut, dass der prall gefüllt ist.

- *Gibt es bei dir zu Hause auch einen Süßigkeitenschrank?*

Max holt alles raus, was er im Schrank findet. Er macht es sich mit Gummibärchen, Schokolade und Lutschern auf dem Sofa gemütlich. Während er seine Lieblingssendung schaut, öffnet Max eine Packung nach der anderen und schlingt alle Leckereien in sich hinein.

- *Wie würdest du das an Max' Stelle machen?*
- *Hast du auch schon ganz viele Süßigkeiten hintereinander gegessen?*
- *Wie hast du dich dabei gefühlt?*

Max ist so vertieft in die Fernsehsendung und den süßen Geschmack in seinem Mund, dass er gar nicht mitbekommt, dass Mama schon nach Hause gekommen ist.

- *Was denkst du, was wird Mama sagen, wenn sie Max so sieht?*

Mama schaut auf den Berg aus leerem Süßigkeitenpapier, der sich neben Max auftürmt. „Hast du das →

alles gegessen?", fragt sie. Max folgt Mamas Blick und plötzlich ist ihm klar, warum es in seinem Bauch zwickt und zwackt. „Ja, und jetzt ist mir gar nicht gut", antwortet Max.

- *Warum geht es Max nicht gut?*
- *Hast du auch schon einmal zu viele Süßigkeiten gegessen? Wie hast du dich danach gefühlt?*

Am nächsten Morgen fühlt sich Max ganz schwach. Er hat keine Lust aufzustehen und würde am liebsten den ganzen Tag im Bett bleiben. Mama setzt sich zu ihm auf die Bettkante. „Du hast gestern viel zu viel Zucker gegessen. Das hat deinem Körper nicht gut getan. Zu viel Zucker ist sogar schädlich", erklärt sie. Max vergräbt seinen Kopf im Kissen. „Ich werde nie mehr so viele Süßigkeiten auf einmal essen", murmelt er. Er ist froh, dass Mama ihn noch ein bisschen schlafen lässt.

- *Warum fühlt sich Max am nächsten Tag nicht wohl?*
- *Wie schadet Zucker dem Körper?*

2. Arbeitsphase (ca. 15 Minuten)

Stellen Sie den Haushaltszucker gut sichtbar in die Kreismitte. Erklären Sie den Kindern, dass dieser Zucker in den Süßigkeiten enthalten ist, die Max gegessen hat. Sammeln Sie noch einmal kurz die gesundheitlichen Nachteile: macht schnell müde, schadet den Zähnen, macht dick, sorgt für innere Unruhe und Konzentrationsprobleme etc. Erzählen Sie den Kindern anschließend, dass es unterschiedliche Zuckersorten gibt. Diese Zuckersorten schaden unserem Körper nicht so sehr wie der Haushaltszucker. Stellen Sie nacheinander die mitgebrachten Zuckeralternativen neben dem Haushaltszucker auf und erzählen Sie den Kindern die gesundheitlichen Vorzüge oder lesen Sie die folgenden Texte vor. Zeigen Sie ihnen zu jeder Zuckerart die passende Bildvorlage.

Kokosblütenzucker
Kokosblütenzucker wird aus den Blüten der Kokosnusspalme gewonnen. Der Saft der Blüten wird gekocht und dann getrocknet. Anschließend wird die Masse gemahlen. Er wird nur sehr langsam vom Körper aufgenommen. Deshalb macht er auch nicht müde, unkonzentriert etc. Er enthält viele gesunde Vitamine und Mineralien und ist äußerst zahnfreundlich.

Dattelsüße
Dattelsüße wird aus getrockneten Datteln hergestellt. Sie werden zu Zucker gemahlen. Datteln enthalten viele Vitamine und Mineralien. Dadurch ist dieser Zucker gesünder als Haushaltszucker.

Xylit
Xylit wird auch Birkenzucker genannt, weil er aus der Rinde des Birkenbaums hergestellt wird. Wie auch Kokosblütenzucker wird er nur langsam vom Körper aufgenommen und pflegt außerdem die Zähne.

3. Abschluss (ca. 20 Minuten)

Die Kinder waschen gründlich ihre Hände. Teilen Sie Ihre Schüler dann in drei gleich große Gruppen ein. Jede Gruppe bekommt eine geöffnete Dose Kokosmilch, ein Päckchen Kokosraspeln, einen Esslöffel, eine Schüssel und eine der drei Zuckeralternativen. Die Kinder füllen die Kokosraspeln in die Schüssel und geben sechs Esslöffel ihrer Zuckeralternative hinzu. Dann schöpfen sie mit dem Löffel das abgesetzte Fett aus der Kokosmilch und geben es in die Schüssel. Das Kokos-Wasser wird nicht benötigt. Die Kinder kneten die Mischung mit den Händen und formen eine kleine Kugel daraus. Mitsamt dieser Kokoskugel kommen alle Gruppen wieder im Sitzkreis zusammen. Nun darf jedes Kind alle Kokoskugelvariationen probieren und den Geschmack bewerten.

Zuckeralternativen

© Fotoschlick – Fotolia.com

© mates – Fotolia.com

© pixbox77 – Fotolia.com

© Verlag an der Ruhr | Autorin: Aline Kurt | ISBN 978-3-8346-3095-7 | www.verlagruhr.de

Sind „Kinderprodukte" gesund?

Darum geht's

In dieser Stunde beschäftigen sich Ihre Schüler mit den als besonders gesund angepriesenen Produkten für Kinder. Zu Beginn überlegen sie, welche Produkte sie aus dieser Kategorie kennen, bevor sie den Zuckergehalt schätzen.

Kompetenzerwartungen

Die Kinder
- kennen den Zuckergehalt ausgewählter „Produkte für Kinder",
- bilden sich ihre eigene Meinung.

Materialliste

- Kopiervorlage (S. 32)
- Bildvorlagen (S. 33–35)
- 1 Kiwi
- 1 Päckchen Würfelzucker

Das bereiten Sie vor

Kopieren Sie die Placematvorlage (S. 32) für jede 4er-Gruppe. Kopieren Sie die Bildvorlagen (S. 33–35) und schneiden Sie diese auseinander. Falten Sie die Bilder an den Faltlinien, sodass die Würfelzucker nach hinten zeigen.

Stundenverlauf

1. Einstieg (ca. 15 Minuten)

Die Kinder finden sich zu viert zusammen. Teilen Sie jeder 4er-Gruppe eine Placematvorlage aus. Erzählen Sie ihnen, dass sie sich mit den Lebensmitteln für Kinder beschäftigen wollen. Nennen Sie ihnen ein Beispiel, damit allen deutlich wird, um welche Produktkategorien es sich handelt. Jedes Kind malt in das vor ihm liegende Feld alle Kinderprodukte, die es schon einmal gegessen hat. Auf ihr Zeichen hin vergleichen die Gruppenmitglieder ihre Ergebnisse und malen die Übereinstimmungen in die Mitte der Vorlage. Abschließend präsentieren die Gruppen ihre Ergebnisse.

2. Arbeitsphase (ca. 25 Minuten)

Erzählen Sie den Kindern im Sitzkreis, dass Zucker in fast allen Lebensmitteln vorkommt. Legen Sie dazu die Kiwi gut sichtbar in die Mitte. Positionieren Sie drei Stück Würfelzucker daneben. Weisen Sie die Kinder jedoch darauf hin, dass dieser „weiße" Kristallzucker nicht in der Kiwi enthalten ist, da er von Menschen hergestellt wurde. Die Kiwi (und andere Obstsorten) hingegen enthält natürlichen Fruchtzucker.
Legen Sie nacheinander die Bildvorlagen mit den Zuckerabbildungen nach unten geklappt, für alle gut sichtbar aus. Ihre Schüler überlegen nun, wie viel Zucker in den abgebildeten Kinderprodukten enthalten sein könnte. Ein Kind legt die geschätzte Menge neben das Bild. Die Mitschüler dürfen die Menge ggf. nach oben oder unten korrigieren. Sobald alle mit der ausgelegten Würfelzuckeranzahl einverstanden sind, klappen Sie das Bild um, sodass nun die tatsächliche Menge dargestellt wird.
Fragen Sie die Kinder:
- *Haben wir richtig geschätzt?*
- *Wie denkst du nun darüber?*

Verfahren Sie mit allen Bildern auf diese Weise.

3. Abschluss (ca. 5 Minuten)

Fragen Sie die Kinder, was sie nun über die Kinderprodukte denken und ob diese wirklich so gesund sind. Erzählen Sie ihnen auch, dass Obst zwar ebenfalls viel Zucker enthalten kann, dieser aber ganz anders vom Körper aufgenommen wird, da hier neben gesundem Zucker, den unser Körper braucht, auch viele gesunde Nährstoffe enthalten sind, die dafür sorgen, dass der Zucker viel langsamer aufgenommen wird.

Lebensmittel für Kinder

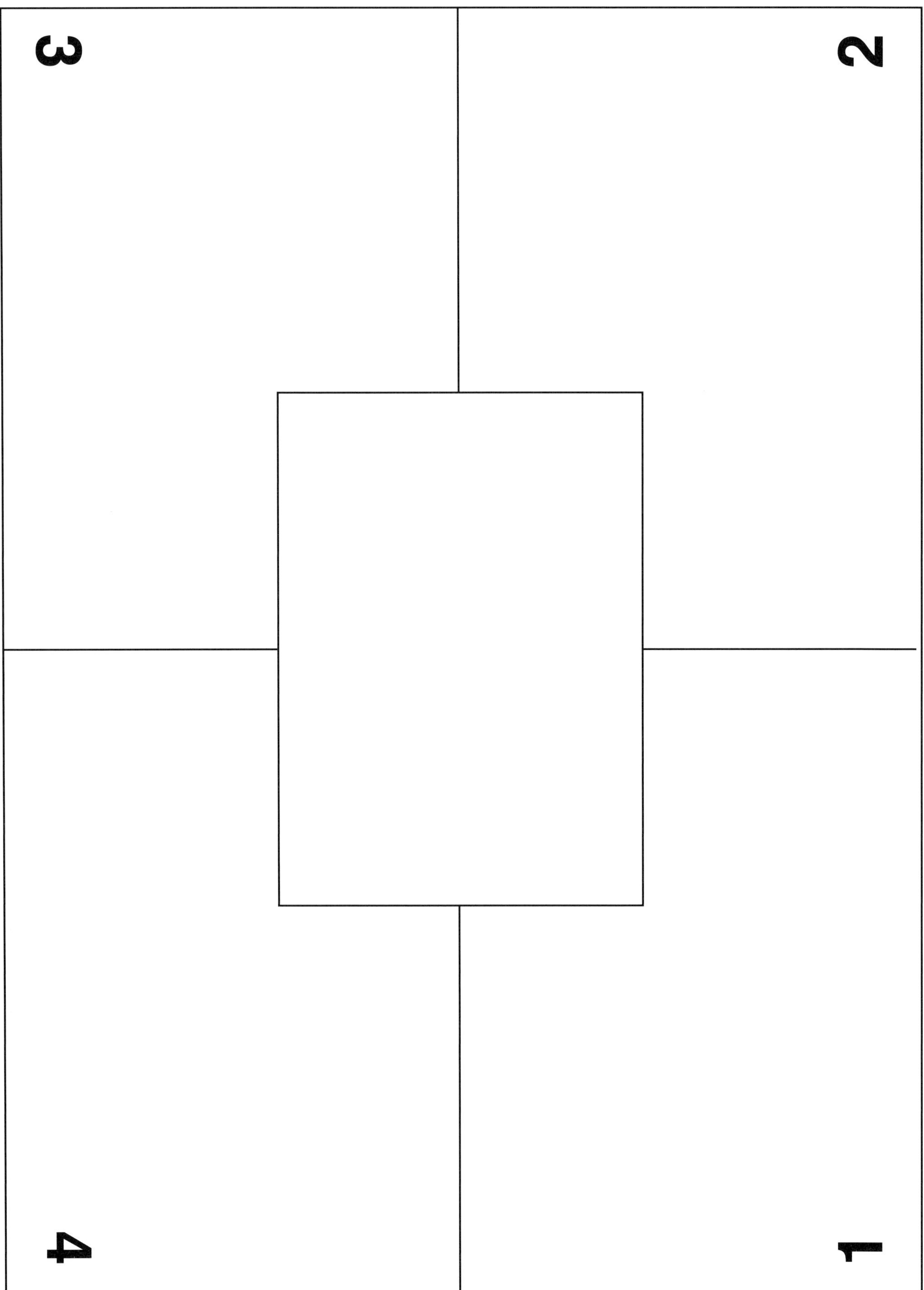

„Kinderprodukte" (1/3)

1 Fruchtquark

Abb.: © Himmelssturm – Fotolia.com

© pixelrobot – Fotolia.com

1 Schokoladenpudding

Abb.: © Maurice Metzger – Fotolia.com

© pixelrobot – Fotolia.com

© Verlag an der Ruhr | Autorin: Aline Kurt | ISBN 978-3-8346-3095-7 | www.verlagruhr.de

„Kinderprodukte" (2/3)

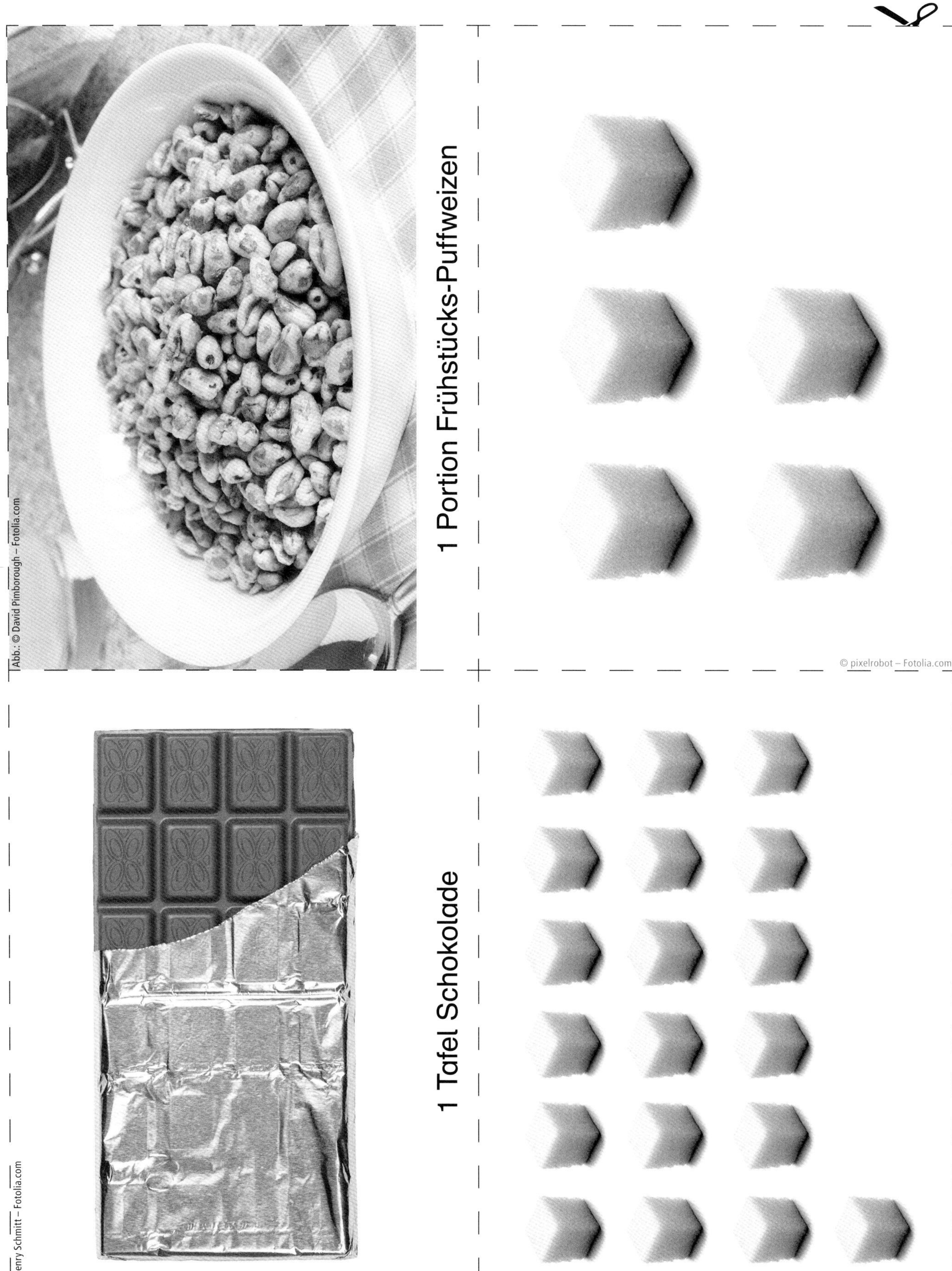

„Kinderprodukte" (3/3)

1 Glas Nugatcreme

Abb.: © Tanja – Fotolia.com

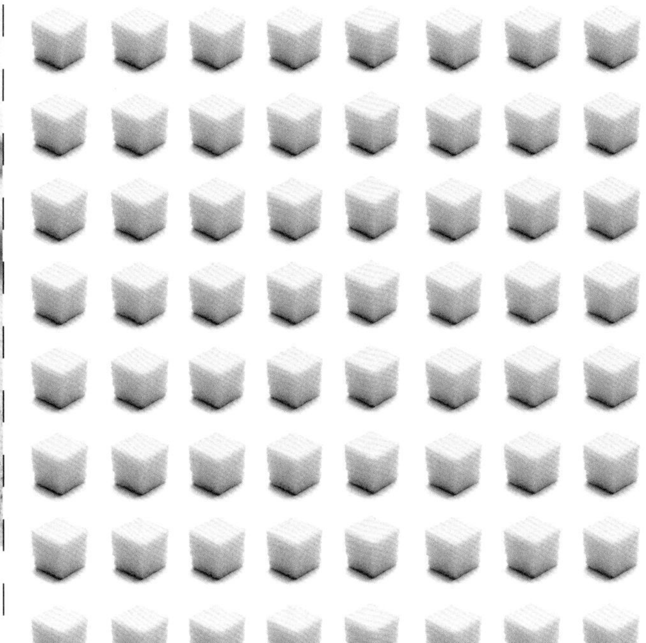

© pixelrobot – Fotolia.com

1 Fruchtquark zum Quetschen

Abb.: © wbbstock – Fotolia.com

© pixelrobot – Fotolia.com

 © Verlag an der Ruhr | Autorin: Aline Kurt | ISBN 978-3-8346-3095-7 | www.verlagruhr.de

Wasser – deine Lebensquelle

Darum geht's

In dieser Stunde geht es um das Thema Wasser. Zuerst führen die Kinder ein Experiment durch, bevor sie mittels einer Bildbetrachtungsmethode die Bedeutung von Wasser für den Körper analysieren.

Kompetenzerwartungen

Die Kinder wissen um die Bedeutung von Wasser für ihren Körper.

Materialliste

- 1 Stange Lauch
- 1 Glas Wasser
- Tinte
- 1 Messer
- OHP

Für jedes Kind:
- Folienvorlage (S. 37)
- Arbeitsblatt (S. 38)
- 1 Folie
- 1 roter und blauer Folienstift
- Schere
- 1 klare Sichthülle (DIN A4)
- 1 schwarze Pappe (DIN A4)

Das bereiten Sie vor

Füllen Sie Wasser in das Glas und färben Sie es mit Tinte blau. Stellen Sie die Lauchstange über Nacht hinein. Kopieren Sie die Folienvorlage S. 37 für den OHP und für jedes Kind.

Stundenverlauf

1. Einstieg (ca. 5 Minuten)

Zeigen Sie den Kindern im Sitzkreis die Lauchstange. Erzählen Sie ihnen von Ihren Vorbereitungen und fragen Sie die Kinder, wie es nun wohl im Inneren der Lauchstange aussieht. Schneiden Sie anschließend die Lauchstange der Länge nach auf. Erzählen Sie den Kindern, dass der Lauch normalerweise das Wasser über seine Wurzeln aus dem Boden holt. Über Nacht stand er in Tintenwasser und hat sich dort sein Wasser geholt:

- *Wie würde der Lauch nach einigen Tagen aussehen, wenn er kein Wasser bekommen würde?*
- *Wie geht es dir, wenn du lange kein Wasser trinkst?*
- *Wie viel Wasser hast du heute getrunken?*
- *Warum ist Wasser so wichtig für uns?*

2. Arbeitsphase (ca. 30 Minuten)

Erzählen Sie den Kindern, dass jede Pflanze und jedes Lebewesen aus ganz viel Wasser besteht. Das Wasser benötigen wir alle, um Leben zu können. Teilen Sie jedem Kind die Folienvorlage (S. 37) und das Arbeitsblatt (S. 38) aus. Die Kinder schneiden die Lupenvorlage aus. Anschließend legen sie die Pappe in die Sichthülle und schieben die vorbereitete Folie über die Pappe und unter den oberen Teil der Sichthülle. Sobald die Kinder die Lupe unter der Folie und der Sichthülle bewegen, können Sie die Ausschnitte des menschlichen Körpers betrachten. Geben Sie ihnen dazu ausreichend Zeit. Erzählen Sie ihnen, dass sich in den freien Stellen des Körpers auf dem Bild Wasser befindet. Bitten Sie die Kinder, diese Körperstellen mit dem Folienstift blau auszumalen und das Bild noch einmal mit der Lupe zu betrachten (Aufgabe 3). Lesen Sie ihnen dann Aufgabe 4 vor. Hier geht es nicht darum, die Körperteile und Organe zu benennen, sondern die Bedeutung von Wasser für den menschlichen Organismus zu veranschaulichen.

3. Abschluss (ca. 10 Minuten)

Vergleichen Sie die Ergebnisse im Plenum. Legen Sie die Folie auf den OHP. Reflektieren Sie noch einmal das Thema:

- *Wie denkst du nun über Wasser?*
- *Welche Getränke sind am besten für deinen Körper?*

Wasser in dir

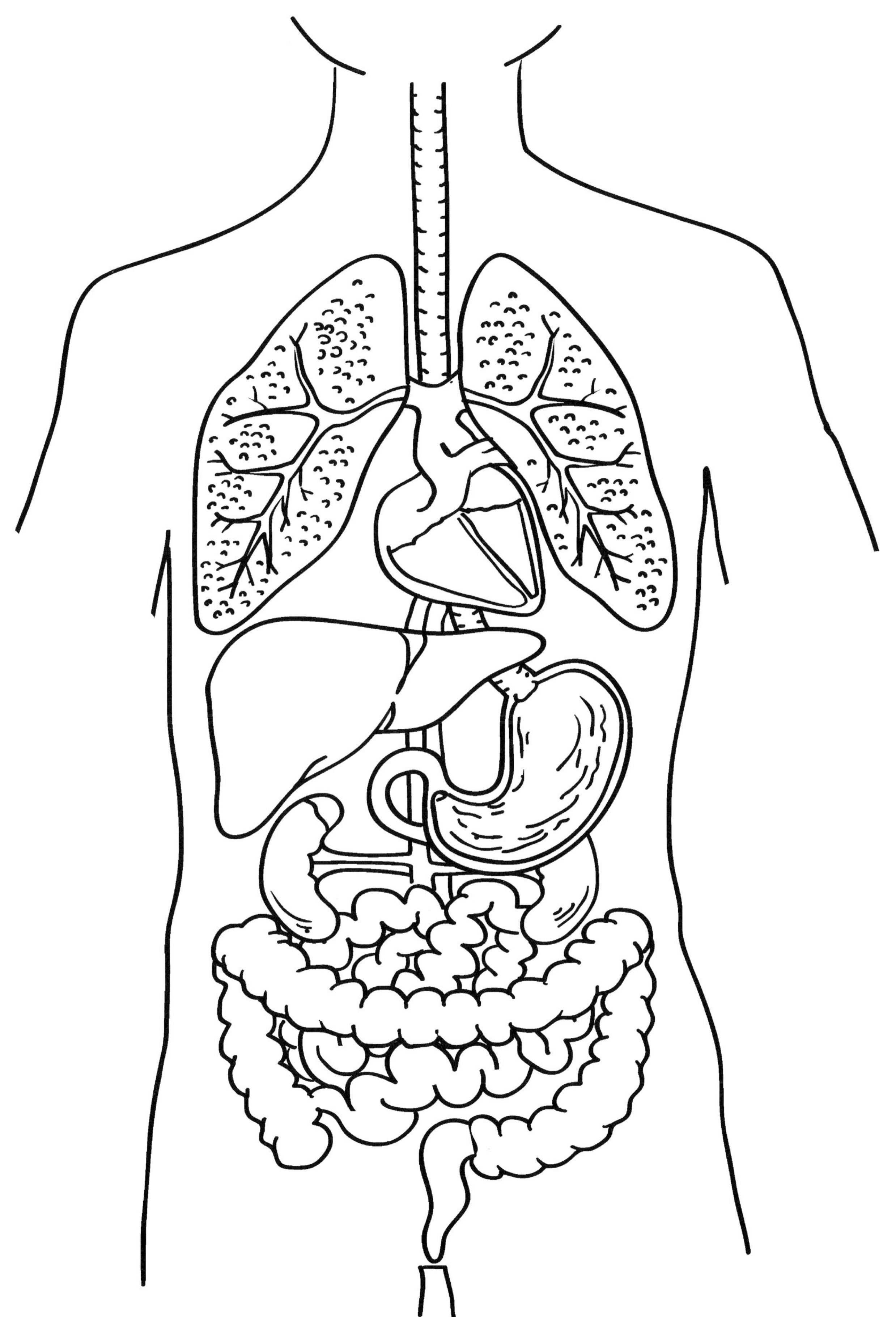

 © Verlag an der Ruhr | Autorin: Aline Kurt | ISBN 978-3-8346-3095-7 | www.verlagruhr.de | Abb.: © Dorothee Wolters

Wasser in dir

1. **Schneide die Lupe aus.**
2. **Lege die schwarze Pappe in die Sichthülle.
Schiebe die Folie „Wasser in dir“ über die Pappe
und unter den oberen Teil der Sichthülle.
Bewege die Lupe unter der Folie und der Sichthülle.**
3. **Schaue dir das Bild mit deiner Lupe an.
Male die freien Stellen des Körpers blau an.**
4. **Manchmal hast du Durst. Dann braucht dein Körper Wasser.
Wo spürst du den Durst? Kreise die Stellen rot ein.**

10. Warum ist Nahrung so wichtig?

Darum geht's

In dieser Stunde nähern sich Ihre Schüler der Bedeutung regelmäßiger Nahrungsaufnahme an. Dies geschieht hier mittels einer Fantasiereise. Die Stunde kann auch als Einstiegsstunde für die Stunden 18, 19 und 20 genutzt werden.

Kompetenzerwartungen

Die Kinder
- wissen, dass ihr Körper Nahrung benötigt,
- wissen, dass der Körper aus der Nahrung Energie gewinnt.

Materialliste

- 1 Blatt Papier für jedes Kind

Das bereiten Sie vor

–

Stundenverlauf

1. Einstieg (ca. 10 Minuten)

Lesen Sie den Kindern den folgenden Text langsam vor. Machen Sie nach jedem Abschnitt eine Pause. Sofern Ihre Schüler mit Fantasiereisen nicht vertraut sein sollten, erklären Sie ihnen kurz die „Spielregeln" (ruhig und entspannt den Kopf auf die Arme legen, nicht sprechen, alle Fragen nur im Geiste beantworten etc.).

Stark wie eine Baum
Mache es dir auf deinem Stuhl gemütlich, lege den Kopf auf die Unterarme und schließe deine Augen. Stelle dir vor, dass du auf einer wunderschönen Wiese stehst. Direkt vor dir steht ein riesiger Baum. Du gehst langsam immer näher auf ihn zu.

→

Der Baum lädt dich ein, ihn zu berühren. Das lässt du dir nicht zweimal sagen. Du umschlingst ihn mit deinen Armen. Spürst du die Kraft, die von diesem Baum ausgeht?

Der Baum kennt deine Gedanken und verrät dir sein großes Geheimnis.
„Ich bin so stark und voller Kraft, weil ich regelmäßig Nahrung zu mir nehme. Unter deinen Füßen sind meine Wurzeln. Damit hole ich mir mehrmals am Tag Nahrung aus der Erde. Auch dein Körper braucht mehrmals am Tag Nahrung, damit du Energie hast. Die Energie brauchst du, damit du gut denken, spielen, springen, hüpfen und gehen kannst. Energie brauchst du für alles, was du tust. Selbst wenn du schläfst, braucht dein Körper Energie, damit du atmen kannst, dein Herz schlägt und sich dein Kopf vom anstrengenden Tag erholen kann."
Bedanke dich bei deinem Baum, dafür, dass er dir sein Stärke-Geheimnis anvertraut hat. Wenn du magst, kannst du ihn zum Abschied noch einmal umarmen.

Öffne nun langsam wieder deine Augen.
Recke und strecke dich einmal.
Willkommen zurück im Klassenzimmer.

2. Arbeitsphase (ca. 10 Minuten)

Besprechen Sie die Fantasiereise:
- *Wie hast du dich in der Nähe deines Baumes gefühlt?*
- *Warum ist dein Baum so stark?*
- *Was hat der Baum dir über die Nahrung erzählt?*
- *Warum ist es wichtig, dass du mehrmals am Tag etwas Gesundes isst?*
- *Wofür brauchst du Energie?*

3. Abschluss (ca. 25 Minuten)

Teilen Sie den Kindern ein Blatt Papier aus. Darauf malen sie, wofür ihr Körper Energie braucht.

Gesunde Naschereien

Darum geht's

Wenn es uns Erwachsenen schon schwerfällt, den süßen Verführungen konsequent zu widerstehen, wie können wir dies dann von Kindern erwarten? Aus diesem Grund möchte ich mit dieser Stunde Alternativen zu industriell gefertigten Süßigkeiten aufzeigen, die Sie ohne großen Aufwand herstellen können. Zu Beginn der Stunde reflektieren Ihre Schüler ihre Einstellung gegenüber Süßigkeiten. Im Anschluss stellen sie Schokopralinen und Müsliriegel her und verkosten diese gemeinsam.

Kompetenzerwartungen

Die Kinder
- wissen, dass Süßigkeiten mit Bedacht gewählt und genossen werden sollen,
- kennen gesündere Alternativen und können diese selbst herstellen.

Materialliste

- Rezept (S. 41)
- Zutaten und Materialien siehe Rezept

Das bereiten Sie vor

Besorgen Sie alle Zutaten und stellen Sie diese bereit. Wenn Sie keinen Standmixer besitzen, fragen Sie rechtzeitig im Kollegium oder bei den Eltern, wer Ihnen ein entsprechendes Gerät leihen kann.

Stundenverlauf

1. Einstieg (ca. 5 Minuten)

Erzählen Sie den Kindern: Ab und zu esse ich richtig gerne Süßigkeiten. Wenn ich was Süßes esse, fühle ich mich dabei gut. Allerdings ist mir aufgefallen, dass in den meisten Süßigkeiten ganz viele Dinge enthalten sind, die unserem Körper schaden können, wenn man zu viel davon isst. Das hat mich nachdenklich gemacht, denn mein Körper macht ja alles für mich. Da möchte ich ihm nichts „Schlechtes", wie zum Beispiel zu viel Zucker, Farbstoffe oder ungesundes Fett, zu essen geben.
- *Wie siehst du das?*
- *Hast du schon einmal darauf geachtet, was in Süßigkeiten alles drin ist?*
- *Was glaubst du, warum sind Süßigkeiten nicht so gut für deinen Körper?*
- *Müssen wir jetzt komplett auf Süßigkeiten verzichten?*

2. Arbeitsphase (ca. 25 Minuten)

Sagen Sie den Kindern, dass es gesündere Süßigkeiten gibt, die dem Körper nicht in der Form schaden. Diese muss man jedoch überwiegend selbst herstellen.
Zeigen Sie ihnen die mitgebrachten Zutaten und fragen Sie sie, welche sie davon kennen. Nachdem alle Zutaten benannt wurden, stellen Sie gemeinsam nach dem Rezept „Gesunde Süßigkeiten" die Müsliriegel und Schokopralinen her. Lesen Sie den Kindern dazu die einzelnen Arbeitsschritte vor.

3. Abschluss (ca. 15 Minuten)

Verkosten Sie gemeinsam mit Ihren Schülern die gesunden Naschereien. Geben Sie den Kindern die Gelegenheit, beide Produkte frei zu bewerten:
- *Wie schmecken dir diese Süßigkeiten?*
- *Kannst du dir vorstellen, so etwas statt der anderen Süßigkeiten zu essen?*
- *Warum ist das so?*

Machen Sie den Kindern abschließend noch einmal deutlich, dass es nicht verboten ist, industriell gefertigte Süßigkeiten zu essen, sondern dass es hier auf das rechte Maß ankommt.

Gesunde Süßigkeiten

Müsli-Riegel

für 24 Riegel:

- 75 g Kokosöl
- 200 g Honig
- 600 g Hafer- oder Buchweizenflocken
- 60 g gepufften Amaranth oder gepufften Reis
- 150 g Sesam
- 150 g gehackte Mandeln oder Walnusskerne
- 1 Topf
- 1 Kochlöffel
- 2 Backbleche
- Backpapier
- 1 Teigschaber
- 1 Messer

So geht es:

Gib das Kokosöl zusammen mit dem Honig in den Topf. Lass die Zutaten unter ständigem Rühren schmelzen. Füge dann die übrigen Zutaten hinzu. Lass die Masse unter ständigem Rühren für etwa 2 Minuten köcheln.
Lege zwei Backbleche mit Backpapier aus.
Verteile darauf gleichmäßig jeweils eine dünne Schicht der Müslimasse.
Lege auf die Masse eine zweite Lage Backpapier und drücke damit die Masse fest zusammen.
Stelle die Riegel für 15 Minuten kalt.
Schneide dann daraus kleine Riegel.

Schokopralinen

für 24 Pralinen:

- 300 g Mandeln (oder Cashewkerne)
- 300 g Datteln (ungezuckert und entsteint)
- 50 g Kakao
- 100 g Kokosraspeln
- 1 Standmixer
- 1 Schüssel
- 1 Teigschaber
- 1 Kochlöffel

So geht es:

Gib die Mandeln und Datteln in den Standmixer. Lass die Zutaten gut zerkleinern, bis eine knetbare Masse entstanden ist. Schalte den Mixer immer wieder aus, damit er nicht überhitzt! Fülle die Dattel-Mandelmasse mithilfe des Teigschabers in die Schüssel. Gib das Kakaopulver hinzu und rühre es mit dem Kochlöffel unter. Forme kleine Kugeln aus der Masse und wälze sie anschließend in Kokosraspeln.

12. Der Ernährungskreis

Darum geht's

In dieser Stunde setzen sich die Kinder mit dem Ernährungskreis und Ernährungsempfehlungen auseinander.

Kompetenzerwartungen

Die Kinder
- lernen den Ernährungskreis kennen,
- wissen, dass Lebensmittel in unterschiedlicher Menge konsumiert werden sollten.

Materialliste

- Bildvorlagen (S. 43/44)
- Kopiervorlage (S. 45)
- Arbeitsblatt (S. 46)
- Schere

Für jedes Kind:
- Schere
- Kleber
- Buntstifte

Das bereiten Sie vor

Kopieren Sie die Bildvorlagen (S. 43/44). Schneiden Sie die einzelnen Bilder aus. Mischen Sie diese. Vergrößern Sie die Kopiervorlage (S. 45) auf DIN A2.
Kopieren Sie das Arbeitsblatt (S. 46) und die Vorlage „Ernährungskreis" (S. 45) im DIN-A4-Format für jedes Kind.

Stundenverlauf

1. Einstieg (ca. 5 Minuten)

Senden Sie die Kinder als kleine Reporter aus. Ihre Schüler bewegen sich frei im Klassenzimmer und suchen sich einen Interviewpartner. Abwechselnd befragen sie sich, was sie oft und gerne essen.

Sobald ein Paar das gegenseitige Interview abgeschlossen hat, suchen sich beide Kinder jeweils einen neuen Interviewpartner und stellen ihre Fragen erneut. Beenden Sie die „Reporter-Unterwegs-Methode", sobald jedes Kind mindestens zwei Interviews geführt hat. Kommen Sie im Sitzkreis zusammen und besprechen Sie kurz die Ergebnisse der Befragung.

2. Arbeitsphase (ca. 25 Minuten)

Bleiben Sie mit den Kindern im Sitzkreis. Zeigen Sie ihnen die vergrößerte Vorlage „Ernährungskreis". Erzählen Sie ihnen, dass es Lebensmittel gibt, von denen wir besonders viele essen sollten, da sie gesund sind und unserem Körper guttun. Von anderen Lebensmitteln hingegen sollten wir weniger oder auch ganz wenig essen. Zeigen Sie ihnen die ausgeschnittenen Bilder. Legen Sie diese nebeneinander aus. Bitten Sie die Kinder, eines der Bilder auszuwählen. Reihum stellt nun jedes Kind sein Bild den anderen vor und benennt das abgebildete Nahrungsmittel. Ordnen Sie dieses gemeinsam im Plenum dem Ernährungskreis zu.

3. Abschluss (ca. 15 Minuten)

Teilen Sie den Kindern das Arbeitsblatt „Mein Ernährungskreis", die Vorlage „Ernährungskreis" sowie Scheren und Kleber aus. Erklären Sie ihnen die Aufgabenstellung oder lesen Sie sie vor. Die Kinder schneiden die Puzzleteile aus und kleben sie an die richtige Stelle im Ernährungskreis. Anschließend malen sie die Bilder aus.

So viele Nahrungsmittel (1/2)

© Verlag an der Ruhr | Autorin: Aline Kurt | ISBN 978-3-8346-3095-7 | www.verlagruhr.de

So viele Nahrungsmittel (2/2)

Ernährungskreis

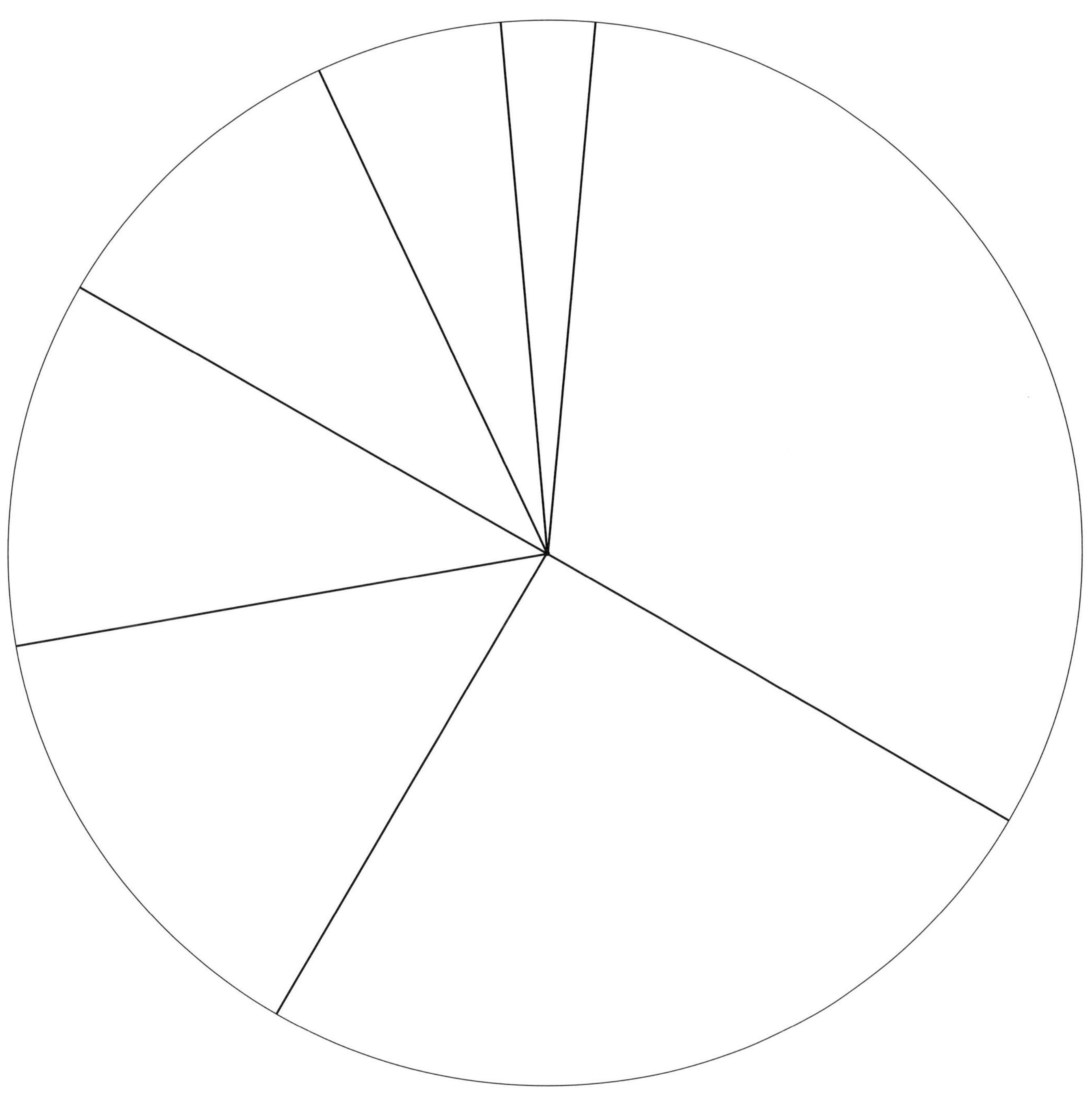

Mein Ernährungskreis

1. Schneide die Puzzleteile aus.

2. Klebe sie an die richtige Stelle des Ernährungskreises.

3. Male die Bilder an.

13. Fit für den Tag

Darum geht's

In dieser Stunde lernen die Kinder die Bedeutung des Frühstücks kennen. Zu Beginn setzen sie sich mit ihren Frühstücksgewohnheiten auseinander, bevor sie dann anhand von Bildvorlagen die Bedeutung und Bestandteile eines gesunden Frühstücks erarbeiten.

Kompetenzerwartungen

Die Kinder
- wissen um die Bedeutung des Frühstücks,
- kennen exemplarische Bestandteile eines gesunden Frühstücks.

Materialliste

- Arbeitsblatt (S. 48)
- Bildvorlagen (S. 49)

Das bereiten Sie vor

Kopieren Sie das Arbeitsblatt „Mein Frühstück" (S. 48) für jedes Kind. Falten Sie die Kopien an der Faltkante, sodass der untere Teil des Arbeitsblattes nach hinten zeigt. Kopieren Sie die Bildvorlagen „Heute schon gefrühstückt?" (S. 49) und schneiden Sie die Bilder auseinander.

Stundenverlauf

1. Einstieg (ca. 20 Minuten)

Erzählen Sie den Kindern, dass Sie sich heute mit dem Thema Frühstück beschäftigen möchten. Teilen Sie jedem Kind das Arbeitsblatt „Mein Frühstück" aus. Lesen Sie ihnen die Aufgabenstellung vor. Die Kinder malen hier auf den Teller und in das Glas, was sie vor Schulbeginn gegessen und getrunken haben. Kommen Sie im Sitzkreis zusammen und geben Sie den Kindern Gelegenheit, ihr Frühstück im Plenum vorzustellen. Besprechen Sie die Bilder dann anhand der folgenden Fragen:
- *Isst du jeden Morgen das Gleiche?*
- *Was frühstückst du sonst gern?*
- *Wie geht es dir nach deinem Frühstück?*

2. Arbeitsphase (ca. 10 Minuten)

Zeigen Sie den Kindern die beiden Bildvorlagen (S. 49). Geben Sie ihnen Zeit, die Bilder zu betrachten. Fragen Sie dann:
- *Wie wirkt der Junge/das Mädchen auf dich?*
- *Was haben die Bilder mit unserem Thema „Frühstück" zu tun?*
- *Wer von den beiden hat heute Morgen gefrühstückt?*
- *Warum ist das Frühstück so wichtig?*

Machen Sie den Kindern deutlich, dass ein gesundes und ausgewogenes Frühstück wichtig ist. Der Körper bezieht seine Energie aus der Nahrung, die wir ihm geben. Frühstücken wir das Falsche oder gar nicht, sinkt die Leistungsbereitschaft und wir können nicht klar denken. Fragen Sie die Kinder, wie ihrer Meinung nach ein gesundes Frühstück aussieht. Achten Sie darauf, dass ihnen deutlich wird, dass zu viel Zucker (z. B. Nussnugatcreme, gezuckertes Müsli, aber auch Brot und Brötchen aus Weißmehl) dem Körper zwar kurzfristig Energie liefert, dann aber ebenfalls zum Leistungsknick führt. Verdeutlichen Sie dies mit der Bildvorlage „Heute schon gefrühstückt?" Überlegen Sie gemeinsam, welche Nahrungsmittel sich zum Frühstück gut eignen (z. B. kleine Mengen Vollkornbrot, Nüsse, Obst und Gemüse, warme Getränke, wie z. B. Tee).

3. Abschluss (ca. 15 Minuten)

Zurück am Platz malen die Kinder, wie ein gesundes Frühstück aussieht. Dazu falten sie die umgeknickte Arbeitsblatthälfte (S. 48) zurück und malen das gesunde Frühstück auf den Teller bzw. in das Glas.

Mein Frühstück

1. Was hast du heute Morgen gegessen? Male es auf den Teller.

2. Was hast du zum Frühstück getrunken? Male es in das Glas.

Faltkante

3. Wie sieht ein gesundes Frühstück aus? Male.

Heute schon gefrühstückt?

Pausensnacks

Darum geht's

Viele Kinder finden in ihrer Brotdose Brote mit Nussnugatcreme, Kinderprodukte und Süßigkeiten vor. Manche Kinder haben sogar gar keine Zwischenmahlzeit dabei. Unser Gehirn ist jedoch im besonderen Maße auf eine regelmäßige Nährstoffzufuhr angewiesen, um leistungsfähig zu sein. Deshalb möchte die folgende Stunde dazu beitragen, den Kindern eine kleine Auswahl geeigneter Nahrungsmittel aufzuzeigen.

Kompetenzerwartungen

Die Kinder
- werden sich der Bestandteile ihrer gewohnten Zwischenmahlzeiten bewusst,
- wissen, dass sich nicht alle Lebensmittel als Pausensnack eignen,
- probieren geeignete Lebensmittel.

Materialliste

Arbeitsblatt (S. 51)

Für 24 Kinder:
- 6 Paprika
- 2 Gurken
- 12 Möhren
- 18 Tomaten
- Weintrauben
- 1 Vollkornbrot
- Nüsse
- Butter oder Margarine
- Kresse
- 2–3 Teller

Für jedes Kind:
- 1 Teller
- 1 Messer
- 1 Becher

Das bereiten Sie vor

Kopieren Sie das Arbeitsblatt (S. 51) für jedes Kind. Waschen Sie das Obst und Gemüse. Schneiden Sie es in kleine, mundgerechte Stücke und legen Sie es auf die Teller.

Stundenverlauf

1. Einstieg (ca. 15 Minuten)

Teilen Sie den Kindern das Arbeitsblatt „Meine Zwischenmahlzeiten" aus. Erklären Sie ihnen die Aufgabenstellung. Zunächst kreisen die Kinder alle Lebensmittel ein, die sie gern zwischen den regulären Mahlzeiten, also als Snack, zu sich nehmen. Fehlende Lieblingssnacks ergänzen sie in den leeren Kästchen (Aufgabe 1 und 2). Geben Sie den Kindern dann die Gelegenheit, sich im Plenum über die Lieblingssnacks auszutauschen.

2. Arbeitsphase (ca. 20 Minuten)

Fragen Sie die Kinder:
- *Glaubst du, dass diese Lebensmittel als Zwischenmahlzeit geeignet sind? Warum?*
- *Welche sind besser?*

Achten Sie darauf, dass den Kindern deutlich wird, dass Süßigkeiten, Gebäck und zu viele Getreideprodukte nur kurzzeitig Energie liefern, dann aber schnell zur Ermüdung führen. Bitten Sie die Kinder, Aufgabe 3 bis 5 zu erledigen. Lesen Sie ihnen dazu die Aufgabenstellung vor. Die Kinder malen Lebensmittel, die sich als häufige Pausensnacks eignen, grün an. Lebensmittel, die eher selten gegessen werden sollten, malen sie gelb an. Produkte, die sich weniger bzw. nicht als Pausensnacks eignen, malen sie rot an.

3. Abschluss (ca. 10 Minuten)

Zeigen Sie den Kindern die mitgebrachten Lebensmittel und erzählen Sie ihnen, dass es sich hier um gesunde Pausensnacks handelt. Probieren Sie diese bei einer gemeinsamen Pause.

Meine Zwischenmahlzeiten

1. **Was isst du gern zwischendurch?**
   Kreise mit Bleistift ein.
2. **Was isst du außerdem noch gern?**
   Male es in die leeren Kästchen.
3. **Was davon kannst du oft essen?**
   Male grün an.
4. **Was solltest du nicht so oft essen?**
   Male gelb an.
5. **Was solltest du nur sehr selten essen?**
   Male rot an.

Butterbrot/Sandwich, Tüte Gummibärchen, Chips/Pommes: © Verlag an der Ruhr; Joghurtglas, Nüsse: © Petra Lefin; alle anderen Abb.: © Anja Boretzki

 © Verlag an der Ruhr | Autorin: Aline Kurt | ISBN 978-3-8346-3095-7 | www.verlagruhr.de

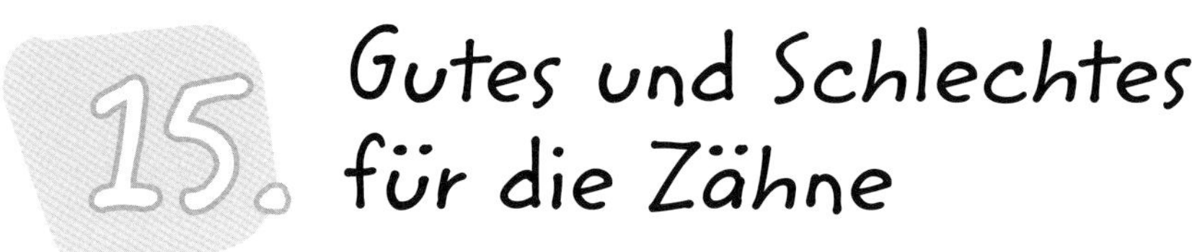

15. Gutes und Schlechtes für die Zähne

Darum geht's

Obst ist zwar für unseren Körper gesund, kann jedoch aufgrund der Säure unseren Zähnen schaden. In dieser Stunde geht es um zahnfreundliche und -schädliche Lebensmittel. Nach einem Experiment teilen die Kinder einige Lebensmittel im Bezug auf ihre Zahngesundheit ein.

Kompetenzerwartungen

Die Kinder
- unterscheiden zahnfreundliche von zahnschädlichen Lebensmitteln,
- wissen, dass Zähneputzen eine aktive Maßnahme gegen die Zahnschädlichkeit bestimmter Lebensmittel darstellt.

Materialliste

- 2 Eier
- 1 Glas Cola
- 1 Glas Wasser
- Bildvorlage (S. 53)
- Arbeitsblätter (S. 54/55)

Für jedes Kind:
- 1 Zitronenscheibe
- Schere
- Kleber

Das bereiten Sie vor

Legen Sie drei Tage vor Durchführung der Unterrichtsstunde jeweils ein Ei in das Wasserglas bzw. in das Colaglas. Kopieren Sie die Bildvorlage (S. 53). Kopieren Sie die Arbeitsblätter (S. 54/55) für jeden Schüler. Halbieren Sie die Zitronen. Schneiden Sie diese in Scheiben.

Stundenverlauf

1. Einstieg (ca. 15 Minuten)

Setzen Sie sich mit den Kindern in einen Sitzkreis. Legen Sie die Bildvorlage in die Mitte. Fragen Sie die Kinder, was die Zähne mit der Nahrung zu tun haben. Stellen Sie die beiden Gläser in die Mitte. Sagen Sie den Kindern, dass die Eierschale unseren Zähnen ähnlich ist. Holen Sie die beiden Eier aus den Gläsern und lassen Sie die Kinder diese befühlen.
- *Warum fühlen sich beide Eier so unterschiedlich an?*
- *Was macht Cola mit den Zähnen?*
- *Cola enthält ganz schön viel Zucker. Das greift unsere Zähne an. Welche Lebensmittel kennst du noch, die auch viel Zucker enthalten?*

Reichen Sie nun jedem Kind eine Zitronenscheibe. Bitten Sie die Kinder, vor und nach dem Hineinbeißen ihre Zähne mit der Zunge zu prüfen.
- *Wie fühlen sich die Zähne vorher/nachher an?*
- *In der Zitrone ist viel Säure. Zu viel davon schadet deinen Zähnen. Säure ist in allen Obstsorten enthalten. Welche Obstsorten kennst du?*

2. Arbeitsphase (ca. 25 Minuten)

Zurück am Platz erhält jedes Kind die Arbeitsblätter, eine Schere und Kleber. Lesen Sie die Aufgabenstellung vor. Die Kinder schneiden die Bilder aus, sortieren die Lebensmittel nach den beiden Kategorien „Zahnfreundlich" und „Zahnschädlich" und kleben sie in die entsprechende Spalte der Tabelle.

3. Abschluss (ca. 10 Minuten)

Vergleichen Sie zunächst die Ergebnisse gemeinsam im Plenum. Machen Sie den Kindern abschließend bitte deutlich, dass sie aufgrund der Säure natürlich nicht auf Obst verzichten müssen. Überlegen Sie, wie man die Zähne schützen kann (regelmäßiges Zähneputzen).

Meine Zähne

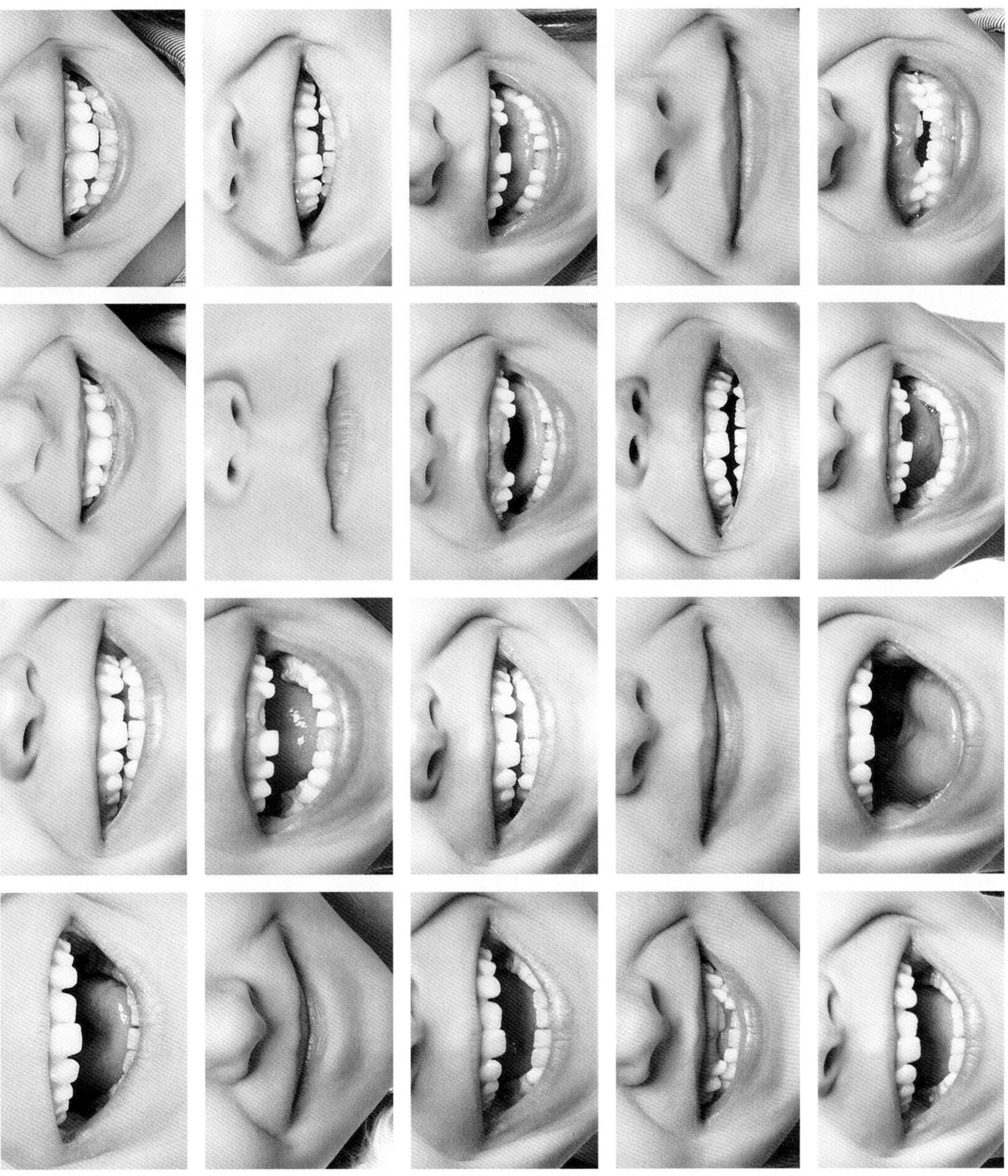

Gut oder schlecht für die Zähne? (1/2)

1. Schneide die Bilder aus.

2. Welche Lebensmittel schaden deinen Zähnen? Klebe sie in die Tabelle.

3. Was freut deine Zähne? Klebe die Bilder ein.

4. Finde ein eigenes Beispiel. Male es in die freien Felder.

© Verlag an der Ruhr | Autorin: Aline Kurt | ISBN 978-3-8346-3095-7 | www.verlagruhr.de | Abb.: © Anja Boretzki

Gut oder schlecht für die Zähne? (2/2)

Zahnfreundlich	Zahnschädlich

16. **Meine Ernährungsgewohnheiten**
Eigene Ernährungsgewohnheiten mithilfe eines Fragebogens ermitteln; bei der Auswertung erkennen, dass es unterschiedliche Ernährungsgewohnheiten gibt

17. **Die Ernährungspyramide**
Einteilung der Lebensmittel mithilfe der Ernährungspyramide kennenlernen; eine eigene Ernährungspyramide basteln

18. **Kohlenhydrate geben dir Energie**
Anhand eines Experiments die Bedeutung von Kohlenhydraten als Energielieferant erkennen; unterschiedliche Kohlenhydrate kennenlernen

19. **Dein Körper braucht gesundes Fett**
Durch Experimente die Bedeutung von Fett für den Körper erkennen; gesunde von ungesunden Fetten unterscheiden

20. **Eiweiß ist ein Baustoff**
Die Bedeutung der Aminosäureverbindungen mithilfe eines Experiments erkennen; Eiweißquellen kennenlernen; das neue Wissen auf einem Plakat präsentieren

21. **Ernährungsexperimente**
Mithilfe verschiedener Testmethoden Makronährstoffe nachweisen

22. **Vitamine, Mineralien und Ballaststoffe**
Die Funktion und Bedeutung der Schutzstoffe für den menschlichen Körper anhand von Gruppenarbeit herausarbeiten

23. **Pflanzenmilch**
Über Milch nachdenken; Milchprodukte hinterfragen, Pflanzenmilch kennenlernen und herstellen

24. **Getreide**
Ausgewählte Getreidesorten kennenlernen; aus dem Mehl Brötchen backen; sich bewusst werden, in welchen Produkten Getreide steckt

25. **Wo kommt dein Essen her?**
Eine Auswahl natürlicher und industriell gefertigter Lebensmittel mithilfe der Bilddetektiv-Methode betrachten und anhand eines Informationstextes unterscheiden lernen; über die eigene Einstellung zu Industrienahrung nachdenken

26. **Rund um die Kartoffel**
Anhand einer Übung erkennen, dass keine Kartoffel der anderen gleicht; Kartoffelprodukte benennen; Kartoffelkuchen backen

27. **Andere Länder, anderes Frühstück**
Sich der eigenen Frühstücksgewohnheiten bewusst werden; ausgewählte Frühstücksmöglichkeiten kennenlernen; Porridge und afrikanischen Maisbrei kochen

28. **Essen früher, Essen heute**
Eine Ernährungsweise fernab der Industrienahrung kennenlernen

29. **Wildkräuter**
Wildkräuter mithilfe eines Bestimmungsbogens kennenlernen; aus Wildkräutern grüne Smoothies herstellen; den gesundheitlichen Nutzen von Wildkräutern kennenlernen

30. **Gesund oder ungesund?**
Mittels der Graffiti-Methode darüber nachdenken, was gesunde Ernährung ausmacht und welche Lebensmittel als gesund bzw. ungesund angesehen werden sollten

16. Meine Ernährungsgewohnheiten

Darum geht's

In dieser Stunde setzen sich Ihre Schüler mit ihren Ernährungsgewohnheiten auseinander. Dabei ist es wichtig, dass die Kinder keinen erhobenen Zeigefinger spüren, sondern sich des individuellen Umgangs mit dem eigenen Körper bewusst werden. Nur wenn die Kinder sich aktiv mit ihrer Ernährung auseinandersetzen und diese kennen, kann, sofern notwendig, ein Umdenken stattfinden. Gesunde Ernährung beginnt schließlich im Kopf!
Bei diesem Vorhaben möchte die folgende Stunde sie tatkräftig unterstützen. Zu Beginn führen Ihre Schüler eine Körpermeditation durch, um sich ihres eigenen Körpers bewusst zu werden. Im Anschluss erhalten sie einen Fragebogen. Anhand der einzelnen Fragen setzen sich die Kinder nun mit ihren Ernährungsgewohnheiten auseinander. Abschließend erfolgt eine Auswertung im Klassenverband. Dabei hilft Ihnen ein Auswertungsbogen, der bereits exemplarisch einige Antwortmöglichkeiten enthält, sodass Sie hier eine Strichliste führen können.

Kompetenzerwartungen

Die Kinder
- werden sich ihrer eigenen Ernährungsgewohnheiten bewusst,
- erkennen, dass es unterschiedliche Ernährungsgewohnheiten gibt.

Materialliste

- Arbeitsblatt (S. 59)
- Kopiervorlage (S. 60)
- Folie
- OHP

Das bereiten Sie vor

Kopieren Sie den Fragebogen „Meine Ernährung" (S. 59) für jedes Kind.
Ziehen Sie den Auswertungsbogen „Unsere Ernährung" (S. 60) auf Folie.

Stundenverlauf

1. Einstieg (ca. 10 Minuten)

Bitten Sie Ihre Schüler, es sich auf ihren Plätzen bequem zu machen. Weisen Sie die Kinder darauf hin, dass die folgenden Impulse und Fragen lediglich in Gedanken durchgeführt und beantwortet werden sollen.
Lesen Sie ihnen die folgende Körpermeditation langsam vor. Machen Sie nach jedem Abschnitt eine Pause, damit die Kinder das entsprechende Bild vor ihrem inneren Auge erzeugen können und genügend Zeit haben, die Fragen im Geiste zu beantworten.

Mein Körper
Setze dich aufrecht auf deinen Stuhl.
Schließe nun deine Augen.
Atme tief ein. Spüre, wie der Atem tief in deinen Körper gelangt.
Lasse den Atem wieder hinaus.

Spürst du, wie sich dein Brustkorb beim Einatmen hebt und beim Ausatmen senkt?
Beobachte deinen Atem. Wie fühlt er sich in deinem Körper an?

Richte deine Aufmerksamkeit auf deine Füße.
Fühlst du, wie du tief mit der Erde darunter verbunden bist?

Dein ganzer Körper ist nun völlig entspannt.
Deine Beine stehen locker auf dem Boden.

Dein Po sitzt bequem auf dem Stuhl.

Deine Arme hängen locker herunter.

Dein Kopf kommt langsam zur Ruhe. Die Gedanken weichen und machen Platz für das Spüren deines Körpers.

Lege nun deine linke Hand auf deinen Bauch.
Spüre tief in deinen Bauch hinein.
Wie geht es ihm?

→

Bedanke dich bei deinem Bauch. Er versorgt deinen ganzen Körper täglich mit Kraft. Alle Nahrung, die du ihm gibst, bereitet er so auf, dass sie deinen ganzen Körper ernährt. Dafür hat er ein großes Lob verdient.

Öffne nun langsam wieder deine Augen. Willkommen zurück!

Reflektieren Sie die Meditation anhand der folgenden Fragen:
- *Wie fühlst du dich nun?*
- *Was hast du über deinen Körper erfahren?*
- *Was denkst du, wie wichtig ist Nahrung für deinen Körper?*

2. Arbeitsphase (ca. 20 Minuten)

Teilen Sie den Kindern den Fragebogen „Meine Ernährung" aus. Bitten Sie diesen ehrlich auszufüllen. Schließlich gibt es hier kein Richtig oder Falsch. Es geht lediglich darum, sich bewusst zu werden, wie sich jeder einzelne ernährt.

3. Abschluss (ca. 15 Minuten)

Auf freiwilliger Basis dürfen die Kindern nun ihre Ergebnisse vorstellen. Legen Sie dazu die vorbereitete Folie „Unsere Ernährung" auf. Hier finden Sie bereits einige Nahrungsmittel, die häufig genannt werden. Nutzen Sie diese als Strichliste. Die leeren Felder dienen Ihnen zum Eintragen anderer Antworten.
Schauen Sie sich den Auswertungsbogen anschließend gemeinsam mit Ihren Schülern an. Bei der Reflexion helfen Ihnen die folgenden Fragen:
- *Warum essen nicht alle gleich oft?*
- *Isst du deine Mahlzeiten gemeinsam mit anderen oder meist alleine?*
- *Wie ist das für dich?*
- *Welche Nahrungsmittel essen wir besonders oft?*
- *Was denkst du, woran könnte das liegen?*
- *Wenn du deine Antworten mit unserem gemeinsamen Fragebogen vergleichst, wie denkst du dann über deine Ernährung?*

Meine Ernährung

Name: ....

1. Wie oft isst du am Tag? Kreise ein.

1 2 3 4 5 öfter

2. Isst du eher kalte oder warme Gerichte? Kreuze an.

❑ kalt ❑ warm

3. Was isst du meistens zum Frühstück?

....

4. Was isst du meistens zum Mittagessen?

....

5. Was isst du oft am Abend? Kreuze an.

❑ Brot
❑ warme, gekochte Mahlzeit
❑ fertige Gerichte aus Dosen, Tüten …
❑ Süßigkeiten
❑ Nichts
❑ Reste vom Mittag

- ....
- ....

6. Was isst du gerne zwischendurch?

....

....

7. Was ist dein Lieblingsessen?

....

Unsere Ernährung

1. Wie oft isst du am Tag? Kreise ein.

1 2 3 4 5 öfter

2. Isst du eher kalte oder warme Gerichte? Kreuze an.

❑ kalt ❑ warm

3. Was isst du meistens zum Frühstück?

❑ Müsli
❑ Cornflakes
❑ Obst
❑ Brot
❑ Haferflocken-Brei
❑ nichts
❑ etwas vom Bäcker
....

4. Was isst du meistens zum Mittagessen?

❑ Brot
❑ Süßigkeiten
....
❑ etwas frisch Gekochtes
❑ Fertiggericht
....

5. Was isst du oft am Abend? Kreuze an.

❑ Brot
❑ warme, gekochte Mahlzeit
❑ Fertiggericht
❑ Süßigkeiten
❑ nichts
❑ Reste vom Mittag
- ....
- ....

6. Was isst du gerne zwischendurch?

❑ Süßigkeiten
❑ Obst
❑ Brot
❑ Gemüse
....

7. Was ist dein Lieblingsgericht?

❑ Pommes
❑ Nudeln
❑ Pizza
- ....
- ....
- ....

17. Die Ernährungspyramide

Darum geht's

Ihre Schüler lernen eine Ernährungspyramide kennen. Sie ordnen den einzelnen Gruppen Lebensmittel zu und basteln eine eigene Ernährungspyramide.

Kompetenzerwartungen

Die Kinder

- lernen eine Ernährungspyramide kennen,
- kennen aus jeder Nahrungsgruppe drei exemplarische Lebensmittel.

Materialliste

- Wortkarten Lebensmittel (S. 63)
- Wortkarten Ernährungspyramide (S. 64)
- Arbeitsblatt (S. 65)
- 1 Tonpapier (DIN A1)
- Buntstifte (grün, gelb, orange, rot)
- Kleber

Für jedes Kind:

- Schere
- Kleber
- Buntstifte

Das bereiten Sie vor

Kopieren Sie die Wortkarten (S. 63), schneiden Sie sie aus und mischen Sie diese. Kopieren Sie das Arbeitsblatt (S. 65) für jedes Kind auf DIN A3.
Zeichnen Sie auf das Tonpapier ein gleichschenkeliges Dreieck, wie in der Skizze oben dargestellt. Dies wird die Ernährungspyramide. Teilen Sie die Pyramide in sechs Etagen ein und kleben Sie die Lebensmittelgruppen-Karten (S. 64) dazu. Malen Sie die Etagen für die Lebensmittelgruppen, wie in der Skizze angegeben, entsprechend farbig an.

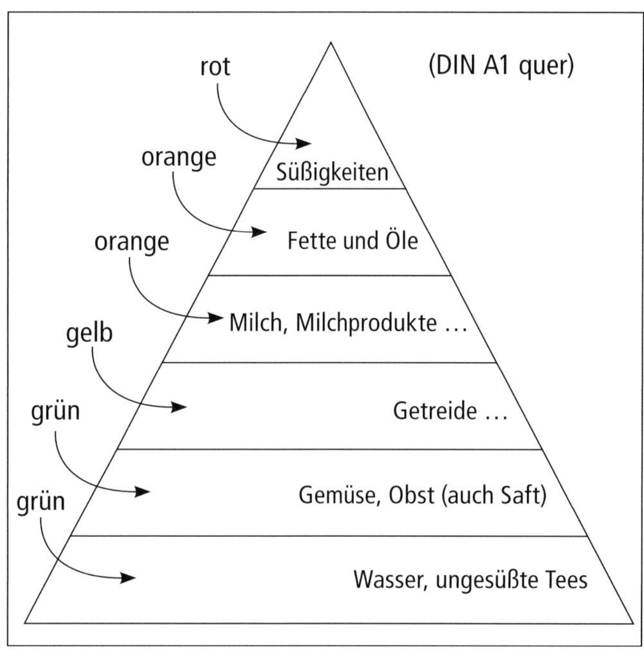

Stundenverlauf

1. Einstieg (ca. 5 Minuten)

Verteilen Sie die Wortkarten an die Kinder. Bitten Sie sie, die Lebensmittel entsprechend ihrer Wortkarte jeweils auf die Rückseite zu malen.

2. Arbeitsphase (ca. 15 Minuten)

Kommen Sie mit den Kindern im Sitzkreis zusammen. Ihre Schüler bringen ihre Zeichnungen mit. Zeigen Sie den Kindern die vorbereitete „Ernährungspyramide". Bitten Sie die Kinder, ihre Zeichnungen kurz zu benennen und dann entsprechend auf eine der Etagen zu legen. Besprechen Sie die Ergebnisse anhand der folgenden Fragen:

- *Was denkst du, warum gibt es in einigen Etagen mehr Platz?*
- *Was könnten die Farben bedeuten?*

Die Ernährungspyramide

Die Farben stehen für das sog. Ampel-System: Allen Kindern sollte deutlich werden, dass Lebensmittel auf den grünen Etagen täglich am meisten konsumiert werden sollten. Lebensmittel auf der gelben Etage sollten nur mäßig gegessen werden. Süßigkeiten und fetthaltige Knabbereien und Lebensmittel (rote Etage) sind nicht verboten, sollten aber nur in ganz kleinen Mengen konsumiert werden. Kleben Sie die Zeichnungen der Kinder in den entsprechenden Etagen fest.
Hängen Sie die Lebensmittelpyramide gut sichtbar im Klassenraum auf.

3. Abschluss (ca. 25 Minuten)

Jedes Kind erhält eine Kopie des Arbeitsblattes „Meine Ernährungspyramide" sowie Schere und Kleber. Die Kinder malen auf die beiden nicht beschrifteten Seiten zu jeder Lebensmittelgruppe jeweils ein exemplarisches „Produkt". Anschließend schneiden Sie die Vorlage aus und kleben die Pyramide zusammen.

Lebensmittel

Pflaume	Orange	Himbeere	Apfel
Birne	Melone	Erdbeere	Ananas
Trauben	Banane	Kiwi	Salat
Tomate	Radieschen	Kürbis	Erbsen
Bohnen	Gurke	Brokkoli	Blumenkohl
Linsen	Paprika	Pilze	Nüsse
Quark	Fleisch	Fisch	Eier
Milch	Joghurt	Käse	Nudeln
Orangensaft	Kartoffeln	Brot	Reis
Brötchen	Toast	Müsli	Schokolade
Öl	Margarine	Butter	Gummibärchen
Mineralwasser	Leitungswasser	Früchtetee	Pfefferminztee

Ernährungspyramide

Süßigkeiten

Fette und Öle

Milch und Milchprodukte, Fleisch, Fisch, Eier

Getreide, Kartoffeln, Reis, Nüsse, Hülsenfrüchte

Gemüse, Obst (auch Saft)

Wasser, ungesüßte Tees

Meine Ernährungspyramide

1. Male in jedes Feld ein passendes Lebensmittel.

2. Schneide die Vorlage aus.

3. Falte die Pyramide an den gepunkteten Linien.

4. Klebe sie an den Klebelaschen zusammen.

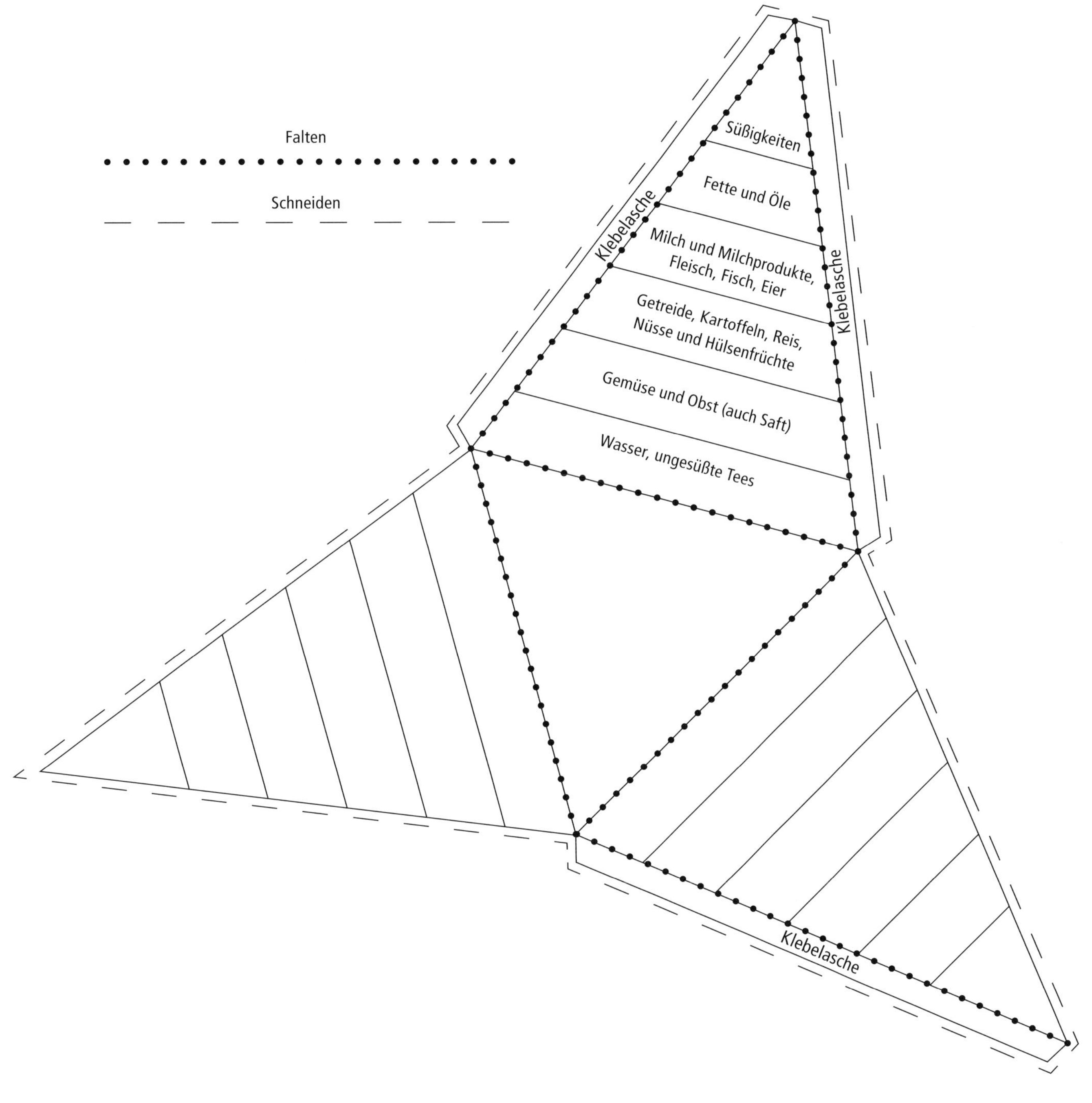

 © Verlag an der Ruhr | Autorin: Aline Kurt | ISBN 978-3-8346-3095-7 | www.verlagruhr.de

Kohlenhydrate geben dir Energie

Darum geht's

In dieser Stunde geht es um das Thema „Kohlenhydrate". Ein Experiment verdeutlicht Ihren Schülern die Rolle der Kohlenhydrate als Energiespender. Ein Arbeitsblatt informiert auf kindgerechte Weise über die Funktion und die verschiedenen Arten von Kohlenhydraten. Abgerundet wird die Stunde durch ein gemeinsam gestaltetes Plakat.

Kompetenzerwartungen

Die Kinder
- wissen, was Kohlenhydrate sind,
- kennen ausgewählte Kohlenhydrate.

Materialliste

- Arbeitsblatt (S. 67)
- Bildvorlage (S. 68)
- 1 leere Wasserflasche
- ½ Päckchen Backpulver
- 1 EL Essig
- 1 Trichter
- 1 Luftballon
- Plakatkarton (DIN A2)
- Schere
- Kleber

Das bereiten Sie vor

Kopieren Sie das Arbeitsblatt (S. 67) für jedes Kind. Vergrößern Sie die Bildvorlage (S. 68) auf DIN A3 und schneiden Sie die Bilder aus.

Stundenverlauf

1. Einstieg (ca. 10 Minuten)

Bilden Sie mit den Kindern einen Sitzkreis. Zeigen Sie ihnen den nicht aufgeblasenen Luftballon: *„Stell dir vor, das wäre dein Körper. Er hat gerade gar keine Energie. Deshalb fühlst du dich ganz schlapp."*

Stellen Sie nun die leere Wasserflasche gut sichtbar in die Mitte. Füllen Sie das Backpulver und den Essig mithilfe des Trichters ein. Stülpen Sie schnell den Luftballon über den Flaschenhals. Bestaunen Sie gemeinsam, was nun geschieht (durch die Gase wird der Luftballon scheinbar wie von Geisterhand aufgeblasen). Besprechen Sie das Experiment anhand der folgenden Fragen:
- *Was ist mit dem Luftballon geschehen?*
- *Wenn der Luftballon dein Körper wäre, der erst keine Kraft hatte, was ist dann nun mit ihm geschehen?*

Erzählen Sie den Kindern, dass es Nahrungsmittel gibt, die dem Körper Energie geben, sodass er wie der Luftballon im Experiment richtig viel Kraft hat. Diese Nahrungsmittel, die schnelle, aber keine lang anhaltende Energie liefern, sind vor allem Kohlenhydrate.

2. Arbeitsphase (ca. 20 Minuten)

Teilen Sie den Kindern das Arbeitsblatt „Kohlenhydrate" aus. Die Kinder lesen den Text, suchen die Kohlenhydrate im Wortsuchrätsel und markieren sie farbig.

3. Abschluss (ca. 15 Minuten)

Vergleichen Sie die Ergebnisse im Plenum. Kommen Sie anschließend erneut im Sitzkreis zusammen. Gestalten Sie mithilfe der vergrößerten Bildvorlagen „Energiespender" gemeinsam ein Plakat, das sie im Klassenraum aufhängen.

Kohlenhydrate

Manche Lebensmittel geben dir Energie.
Man nennt sie Kohlenhydrate. Davon gibt es verschiedene Sorten.
Einige Kohlenhydrate sorgen für schnelle Energie.
Doch so schnell, wie sie gekommen ist, verschwindet die Energie auch wieder. Dann bekommst du Hunger, weil dein Körper Kraft braucht.
Diese Kohlenhydrate sind zum Beispiel in Reis, Brot, Kartoffeln, Nudeln, Zucker und Süßigkeiten.
Auch Obst, Gemüse, Linsen und Bohnen haben Kohlenhydrate.
Sie versorgen deinen Körper länger mit Energie.
Deshalb bist du länger satt.

S	Ü	S	S	I	G	K	E	I	T	E	N
K	Q	E	B	E	S	T	R	Z	Z	U	Q
T	L	I	N	S	E	N	E	G	U	Ö	G
R	O	N	U	B	Ä	B	I	E	C	J	W
G	Ö	U	M	T	O	O	S	M	K	U	B
Z	B	D	S	O	J	H	Ä	Ü	E	F	P
M	O	E	X	J	B	V	N	S	R	D	X
N	M	L	G	K	C	S	C	E	W	U	N
B	I	N	F	B	R	O	T	J	N	A	X

1. Im Wortsuchrätsel haben sich neun Kohlenhydrate versteckt. Kreise die Wörter ein. (→↓↘)

2. Welche Kohlenhydrate machen lange satt? Male die Wörter grün an.

3. Von welchen Kohlenhydraten bekommst du schnell wieder Hunger? Male sie rot an.

Bonbon: © Anja Boretzki; Brot: © Dorothee Wolters
© Verlag an der Ruhr | Autorin: Aline Kurt | ISBN 978-3-8346-3095-7 | www.verlagruhr.de

Energiespender

Volkornbrot: © Thaut Images; Kartoffeln: © Natika; Stangenbohnen: © Barbara Pheby; Kaiserbrötchen/Semmeln: © rdnzl; Reis: © angelo.gi; Obstkorb: © Heino Pattschull; Nudeln/Penne: © m.arc; Tellerlinsen: © Peter Polak; Gemüse (Kohlrabi, Paprika, Moehren, Zucchini): © Heino Pattschull – alle Fotolia.com

© Verlag an der Ruhr | Autorin: Aline Kurt | ISBN 978-3-8346-3095-7 | www.verlagruhr.de

Dein Körper braucht gesundes Fett

Darum geht's

Den Fetten wurde bis vor nicht allzu langer Zeit ein gesundheitliches Risiko nachgesagt. Allerdings weiß die Wissenschaft inzwischen, dass es nicht das Fett per se ist, das uns Menschen krank und dick macht. Es kommt, wie bei allem in Punkto Ernährung, auf die richtigen Produkte an. Pflanzliche Öle, Nüsse und Samen benötigt unser Körper, um Energie zu gewinnen. Unser Gehirn besteht sogar zu 60% aus Fettsäuren, die sich jeweils zur Hälfte aus gesättigten und ungesättigten Fetten zusammensetzen. Gut verwertbare gesättigte Fette finden sich vor allem in Kokosöl. Ungesättigte Fette sind in pflanzlichen Ölen, Nüssen und Samen enthalten.
Vor allem unser Gehirn profitiert von einer regelmäßigen Zufuhr gesunder Fette. Es benötigt diese zur Signalübertragung, zum Aufbau neuer Hirnzellen sowie zum Transport von Nähr- und Sauerstoff in die Zellkerne. Diese Stunde möchte auf kindgerechte Weise dazu beitragen, mit den alten Vorurteilen aufzuräumen und den Kindern Fett als wichtigen Bestandteil einer gesunden Ernährung näherzubringen. Den Einstieg bildet dabei ein Gespräch, das durch Bildvorlagen unterstützt wird. Hier lernen Ihre Schüler zunächst, ausgewählte Fette zu benennen. Im Anschluss erfolgen zwei Experimente, die den Kindern die Bedeutung von Fett für ihren Körper verdeutlichen. Durch ein Arbeitsblatt erfahren die Kinder, dass es unterschiedliche Fette gibt, die jedoch nicht alle als gesund anzusehen sind.

Kompetenzerwartungen

Die Kinder
- wissen, dass Fett ein essenzieller Nährstoff ist,
- erkennen, wozu der Körper Fett benötigt,
- können gesunde von ungesunden Fetten unterscheiden.

Materialliste

- Bildvorlage (S. 71)
- Arbeitsblatt (S. 72)
- Folie
- OHP
- 1 Orange
- Olivenöl
- Feuerzeug
- 2 Becher mit Deckel
- 1 Möhre
- 1 kleine Schüssel
- 1 Küchenreibe
- Wasser

Das bereiten Sie vor

Ziehen Sie die Bildvorlage „So viele Fette" (S. 71) auf Folie. Kopieren Sie das Arbeitsblatt „Fett ist nicht gleich Fett" (S. 72) für jedes Kind. Schneiden Sie die Orange in der Mitte vorsichtig bis zum Fruchtfleisch ein. Lösen Sie von einer der beiden Hälften vorsichtig die Schale. Achten Sie darauf, dass die Columella (der weiße „Strunk" in der Mitte) stehen bleibt. Sie dient später als Docht einer ungewöhnlichen Öllampe. Ein Infovideo können Sie sich auf www.youtube.de (unter dem Stichwort „Orangenlampe") ansehen.
Reiben Sie eine Möhre und verteilen Sie die Raspel auf zwei Becher.

Stundenverlauf

1. Einstieg (ca. 5 Minuten)

Legen Sie die Folie „So viele Fette" auf. Geben Sie den Kindern zunächst ausreichend Zeit, die Bilder zu betrachten. Fragen Sie anschließend:
- *Was siehst du?*
- *Weißt du, wie man das nennt?*
- *Was macht man damit?*
- *Was weißt du darüber?*
- *Was haben sie alle gemeinsam?*

Dein Körper braucht gesundes Fett

2. Arbeitsphase (ca. 20 Minuten)

Kommen Sie mit den Kindern im Sitzkreis zusammen. Stellen Sie die vorbereitete Orangenhälfte gut sichtbar in die Mitte. Füllen Sie Olivenöl ein und tränken Sie damit auch die Columella. Zünden Sie diese an. Reflektieren Sie den Versuch anhand der folgenden Fragen:

- *Was ist geschehen?*
- *Warum kann diese Kerze brennen?*
- *Wozu nutzt man Feuer? (Energie/Wärme)*
- *Wofür braucht dein Körper Energie?*

Machen Sie den Kindern deutlich, dass Fett auch für unseren Körper als Energiespender dient. Er nutzt es, um daraus Wärme und Kraft zu erzeugen.

Füllen Sie in einen Becher mit geriebener Möhre etwas Wasser, sodass die Möhrenmasse bedeckt ist. Füllen Sie die gleiche Menge an Olivenöl in den anderen Becher mit Möhrenraspeln. Schütteln Sie beide Becher jeweils ca. eine Minute kräftig durch. Öffnen Sie die Becher und präsentieren Sie den Kindern das Ergebnis:

- *Was ist passiert?*
- *Warum sehen beide Flüssigkeiten anders aus?*
- *Weißt du, woher die orange Farbe kommt?*

Erzählen Sie den Kindern, dass die orange Farbe vom Farbstoff der Möhren kommt. Dieser Farbstoff ist für unseren Körper sehr wichtig. Er kann nur mithilfe von Fett gelöst werden.

3. Abschluss (ca. 20 Minuten)

Zurück am Platz erhalten die Kinder das Arbeitsblatt „Fett ist nicht gleich Fett". Nachdem Ihre Schüler den Text gelesen haben, beantworten sie die Fragen.
Die Kontrolle erfolgt in Partnerarbeit.

So viele Fette

Olivenöl: © Angel Simon; Margarine: © Patryssia; Nüsse: © mates; Bauchfleisch/Speck: © Harald Biebel; Butter: © Elena Schweitzer; Sahne: © deepvalley; Kokosnuss/Fett: © Picture Partners – alle Fotolia.com

Fett ist nicht gleich Fett

Fett ist wichtig für deinen Körper. Dein Gehirn besteht sogar zur Hälfte aus Fett. Dein Körper braucht Fett, um zu funktionieren. Er macht daraus Energie.
Außerdem nutzt er es, um kaputte Stellen im Körper zu reparieren.
Aber Fett ist nicht gleich Fett. Es gibt gesundes und ungesundes Fett. Gesundes Fett findest du in Nüssen und Pflanzenölen. Pflanzenöle stellt man zum Beispiel aus Oliven, Sonnenblumen, Raps und Kokosnüssen her.
Butter, Speck und Sahne enthalten auch Fett. Allerdings ist zu viel von diesem Fett nicht gesund für deinen Körper.
Es gibt auch Fette, die gar nicht aus Lebensmitteln kommen.
Sie werden extra hergestellt, damit Nahrungsmittel lange halten.
Diese Fette findest du in allen fertigen Lebensmitteln, wie zum Beispiel in Fertiggerichten, Chips und gekauften Plätzchen.
Diese eher ungesunden Fette nennt man Transfette.

1. Wozu brauchst du Fett?

....

2. Welche Fette sind gesund und welche eher ungesund? Verbinde.

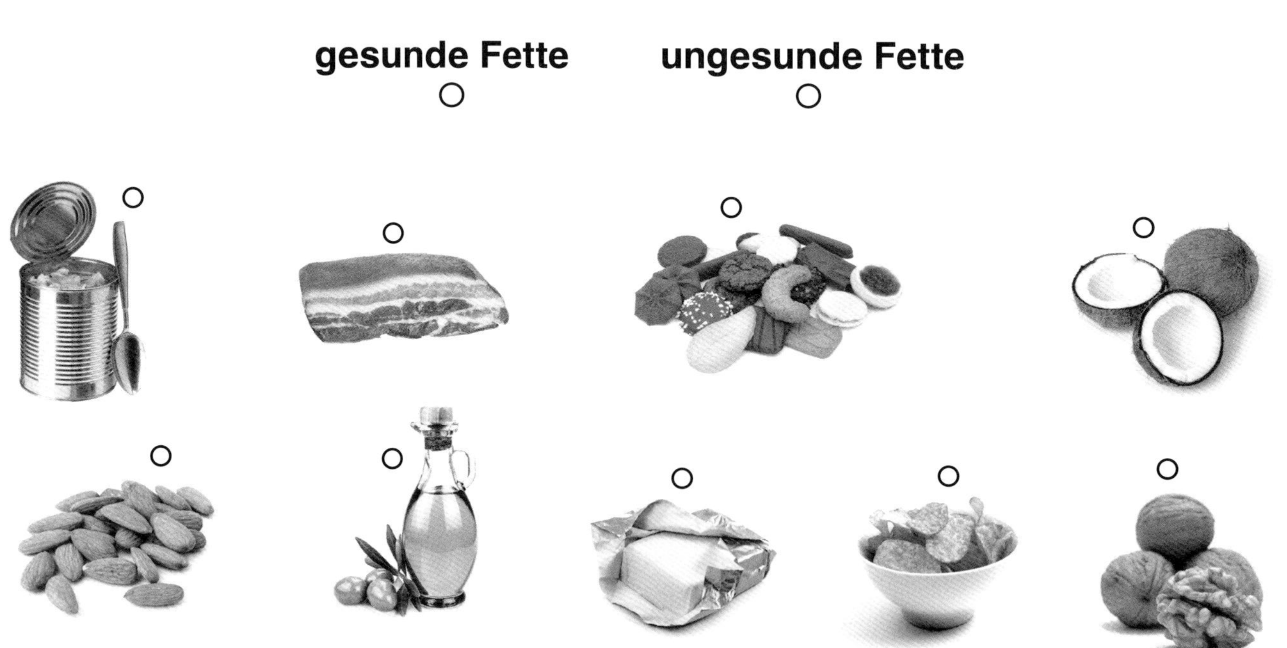

3. Vergleiche deine Ergebnisse mit deinem Partner.

20. Eiweiß ist ein Baustoff

Darum geht's

In dieser Stunde geht es um das Thema Eiweiß. Zum Einstieg führen Sie gemeinsam ein Experiment durch, das den Kindern die Funktion der Aminosäureketten verdeutlicht. Anschließend erhalten Ihre Schüler ein Arbeitsblatt. Darauf befindet sich ein kurzer Text, der die Kinder noch einmal über die Funktion der Aminosäuren informiert und ihnen Eiweißquellen aufzeigt. Die angegliederten Fragen beantwortet zunächst jeder Schüler für sich, bevor die Kinder abschließend in Kleingruppen ein Plakat gestalten.

Kompetenzerwartungen

Die Kinder
- wissen, wozu der Körper Eiweiß benötigt,
- kennen Eiweißquellen.

Materialliste

- Arbeitsblatt (S. 75)
- 8 dicke Bücher
- 2 Blatt Papier
- 1 kleiner Stein
- 1 Plakatkarton für jede 4er-Gruppe

Das bereiten Sie vor

Kopieren Sie das Arbeitsblatt „Dein Körper braucht Eiweiß" (S. 75) für jedes Kind.

Stundenverlauf

1. Einstieg (ca. 5 Minuten)

Bilden Sie mit den Kindern einen Sitzkreis. Legen Sie die acht Bücher in zwei gleich hohe Stapel, die Sie im Abstand von ca. 15 cm zueinander positionieren. Legen Sie das Blatt Papier darauf, sodass es auf beiden Stapeln aufliegen kann. Die Kinder dürfen nun raten, ob diese „Papierbrücke" halten wird, wenn Sie den kleinen Stein auf das Blatt zwischen die Buchtürme legen. Dann legen Sie den Stein auf die „Papierbrücke". Nachdem die Brücke den Stein nicht tragen konnte, erzählen Sie den Kindern, dass das Gleiche in ihrem Körper geschehen würde, wenn er einen bestimmten Baustoff nicht hat. Diesen Baustoff nennt man Eiweiß. Der Körper braucht das Eiweiß, um alle Zellen im Körper zu bauen. Ohne diese Zellen hätten wir keine Hände, Arme, Organe etc.
Zeigen Sie den Kindern nun, wozu der Körper in der Lage ist, wenn er genügend Eiweiß bekommt. Falten Sie ein Blatt zu einem Fächer auf, indem Sie gleichmäßige Streifen abwechselnd nach vorne und nach hinten klappen:

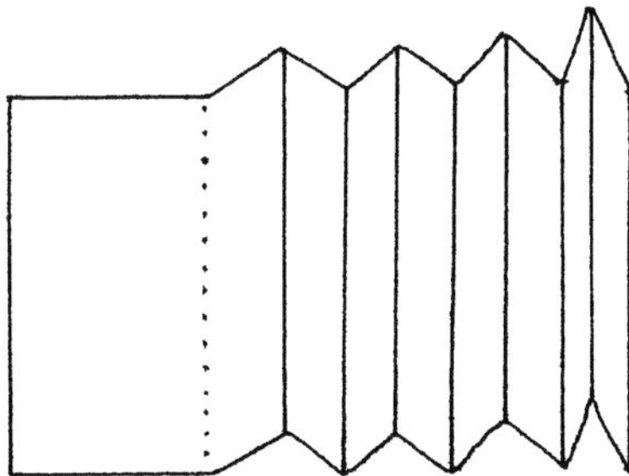

Erzählen Sie den Kindern, dass der Körper nun genügend Eiweiß hat. Legen Sie das gefaltete Blatt erneut auf die Bücherstapel und legen Sie den Stein nun auf (Durch die Falttechnik wird er vom Papier getragen.):

Eiweiß ist ein Baustoff

Reflektieren Sie das Experiment mithilfe der folgenden Fragen:

- *Warum ist der Stein beim ersten Mal heruntergefallen?*
- *Was ist beim zweiten Versuch geschehen?*
- *Schau dir beide Blätter an. Was ist daran anders?*

2. Arbeitsphase (ca. 30 Minuten)

Teilen Sie die Kinder in 4er-Gruppen ein und verteilen Sie das Arbeitsblatt „Dein Körper braucht Eiweiß".
Zunächst liest jedes Kind den Text und beantwortet die Fragen für sich.

Nachdem die Gruppenmitglieder ihre Antworten verglichen haben, gestalten sie gemeinsam ein Plakat. Teilen Sie dazu den Plakatkarton aus.

3. Abschluss (ca. 10 Minuten)

Geben Sie jeder Gruppe die Möglichkeit, ihr Plakat im Plenum zu präsentieren.

Dein Körper braucht Eiweiß

Eiweiß ist wichtig für deinen Körper. Er baut daraus deine Zellen. Alles in und an deinem Körper besteht daraus. Dein Körper braucht es auch, damit du viel Kraft hast und gut drauf bist: Aus Eiweiß macht er deine gute Laune. Dein Körper macht alles für dich. Dazu braucht er allerdings deine Hilfe.
Er kann nur gut für dich sorgen, wenn du ihm genug Eiweiß gibst. Eiweiß findest du in vielen Lebensmitteln. Wie der Name schon verrät, steckt es in Eiern. Auch Joghurt, Quark, Käse, Fleisch und Fisch enthalten Eiweiß. Allerdings solltest du davon nicht so viel essen. Wie gut, dass Eiweiß noch in anderen Lebensmitteln steckt. Eiweiß findest du zum Beispiel auch in Obst und Gemüse.
Vor allem Nüsse, Bohnen, Erbsen und Linsen enthalten ganz viel gesundes Eiweiß.

1. Welche Lebensmittel enthalten Eiweiß? Kreise ein.

2. Wozu braucht dein Körper Eiweiß? Unterstreiche im Text.

3. Vergleiche deine Antworten mit drei anderen Kindern.

**4. Gestalte gemeinsam mit deiner Gruppe ein Plakat.
Schreibt und malt darauf, was ihr alles über Eiweiß wisst.**

21. Ernährungsexperimente

Darum geht's

In dieser Stunde verwandeln Sie Ihr Klassenzimmer kurzerhand in ein Testlabor. Mir ist natürlich bewusst, dass die lange Materialliste auf den ersten Blick abschreckend erscheinen mag. Doch seien Sie versichert, dass Sie Ihren Kindern mit dieser Stunde nicht nur eine große Freude machen, sondern auch für jede Menge Lernzuwachs sorgen. Der Aufwand lohnt sich also!
Zum Einstieg stellen Sie Ihrer Klasse Nährstoffe (Zucker, Stärke, Fett und Eiweiß) mithilfe einer Folienvorlage vor. Anschließend führen die Kinder in Gruppen Ernährungsexperimente durch und weisen dabei mithilfe verschiedener Testmethoden diese Nährstoffe nach. Wie es sich für richtige Forscher eben gehört, halten die Kinder ihre Ergebnisse auf einem Beobachtungsbogen fest.

Kompetenzerwartungen

Die Kinder
- kennen die Bedeutung von Zucker, Stärke, Eiweiß und Fetten für den Körper,
- können diese Nährstoffe mit verschiedenen Testmethoden nachweisen.

Materialliste

- Folienvorlage (S. 78)
- Folie
- 3 Streifen Papier
- OHP
- Beobachtungsbogen (S. 79)
- Anleitungen Experimente (S. 80/81)
- Schere
- Messer
- 1 Rolle Pergamentpapier
- 1 Päckchen geriebene Mandeln
- 1 Päckchen Butter
- 1 Tafel Schokolade
- 2 Äpfel
- 1 Gurke
- 2 Bananen
- 1 Kartoffel
- 4 EL Mehl
- 4 TL gekochter Reis
- 1 Flasche Jodlösung (Apotheke)
- 24 Traubenzuckerteststäbchen (Apotheke)
- 4 Mandeln
- Wasser
- Milch
- Limonade
- Nussmilch
- 1 Becher Joghurt
- Essig
- Löffel
- 17 kleine Becher
- 4 Schälchen
- 12 Teller

Das bereiten Sie vor

Ziehen Sie die Vorlage „Nährstoffe stellen sich vor" (S. 78) auf Folie. Kopieren Sie den Beobachtungsbogen (S. 79) für jedes Kind.
Kopieren Sie die Anleitungen „Experimente mit Nahrungsmitteln" (S. 80/81) und schneiden Sie die vier Anleitungen aus.
Arrangieren Sie die Tische zu vier großen Gruppentischen. Legen Sie auf jedem Tisch eine der vier Anleitungen und die folgenden Materialien bereit:

<u>Gruppentisch 1:</u>
- 24 Stück Pergamentpapier
- 4 Schälchen mit 1 EL geriebenen Mandeln
- 4 Teller jeweils mit 1 Stück Butter, 1 Stück Schokolade, 1 Stück Apfel, 1 Stück Gurke

<u>Gruppentisch 2:</u>
- 4 Teller jeweils mit 1 Stück Gurke, Banane, Kartoffel, 1 EL Mehl und 1 TL gekochtem Reis
- 1 Flasche Jodlösung

Gruppentisch 3:

- 24 Traubenzuckerteststäbchen
- 4 Teller jeweils mit 1 Stück Banane, Apfel, Schokolade, Gurke und 1 Mandel
- 1 Becher Wasser

Gruppentisch 4:

- Milch
- Limonade
- Nussmilch
- 1 Becher Joghurt
- Essig
- Löffel
- 16 kleine Becher

Stundenverlauf

1. Einstieg (ca. 10 Minuten)

Legen Sie die vorbereitete Folie „Nährstoffe stellen sich vor" auf. Decken Sie drei der vier Abbildungen mit Papier zu, bevor sie den OHP einschalten. Auf diese Weise vermeiden Sie Ablenkungen. Besprechen Sie den Nährstoff anhand der folgenden Fragen:

- Was siehst du?
- Was steht in der Sprechblase?
- Was weißt du außerdem darüber?

Decken Sie anschließend diesen Nährstoff zu und einen anderen auf. Stellen Sie den Kindern dazu ebenfalls die unten aufgeführten Fragen.
Verfahren Sie auf diese Weise, bis Sie alle vier Nährstoffe besprochen haben.

2. Arbeitsphase (ca. 25 Minuten)

Teilen Sie die Kinder in vier gleich große Gruppen ein. Händigen Sie jedem Gruppenmitglied den Beobachtungsbogen „Ernährungsforscher werden" (S. 79) aus. Zeigen Sie den Gruppen die vorbereiteten Gruppentische. Jede Gruppe nimmt an einem der Tische Platz. Dort finden die Kinder die jeweilige Anleitung, sowie die Testsubstanzen. Die Gruppen führen die Experimente gemeinsam durch und notieren ihre Beobachtungen im Beobachtungsbogen. Sobald eine Gruppe fertig ist, wechselt sie zum nächsten freien Gruppentisch. Auf diese Weise führen alle Gruppen alle vier Experimente durch.

3. Abschluss (ca. 10 Minuten)

Vergleichen Sie nach dem Aufräumen die Ergebnisse gemeinsam im Plenum.

Nährstoffe stellen sich vor

„Hallo, ich heiße Fett.
Ich gebe deinem Körper Energie.
Außerdem helfe ich ihm, sich
ständig selbst neu zu bauen.“

„Mein Name ist Stärke.
Ich versorge deinen Körper mit
Energie. Durch mich bist du
stark.“

„Wir sind die Kohlenhydrate.
Wir sind wie das Holz in einem
Feuer. Durch uns bekommt dein
Körper Kraft.“

„Ich bin das Eiweiß.
Mich findest du in vielen Lebensmitteln.
Ich bin ziemlich wichtig für deinen
Körper. Aus mir baut dein Körper
ständig neue Zellen.“

Ernährungsforscher werden

In Lebensmitteln findest du viele verschiedene Stoffe.
Das sind zum Beispiel Fett, Zucker, Stärke oder Eiweiß.
Nichts davon kannst du mit bloßem Auge sehen.
Trotzdem sind die Stoffe da. Ganz schön spannend, oder?
Als Forscher kannst du die Stoffe trotzdem sichtbar machen!

1. Führe gemeinsam mit deiner Gruppe die Experimente durch.

2. Trage deine Ergebnisse in die Tabelle ein.

Station	**Das habe ich gesehen:**	**In diesen Lebensmitteln habe ich den Stoff gefunden:**
Fett		
Stärke		
Zucker		
Eiweiß		

© Verlag an der Ruhr | Autorin: Aline Kurt | ISBN 978-3-8346-3095-7 | www.verlagruhr.de

Experiment: Fett sichtbar machen

Ihr braucht:

- Pergamentpapier
- geriebene Mandeln
- Butter
- Schokolade
- Apfelstück
- Gurkenstück

So geht es:

Legt die Lebensmittel jeweils auf ein Stück Pergamentpapier.
Schreibt den Namen der Lebensmittel auf das Pergamentpapier.
Lasst sie dort fünf Minuten liegen.
Schaut anschließend nach, welche Lebensmittel
einen Fettfleck hinterlassen haben.

Kopiervorlage

Experiment: Stärke sichtbar machen

Ihr braucht:

- Gurke
- Banane
- Kartoffel
- Mehl
- gekochten Reis
- Jodlösung

So geht es:

Gebt auf jedes Lebensmittel fünf Tropfen Jodlösung.
Wartet einen Moment. Die Lebensmittel,
die sich dunkel verfärben, enthalten Stärke.

80
30 x Gesunde Ernährung für 45 Minuten Klasse 1/2
© Verlag an der Ruhr | Autorin: Aline Kurt | ISBN 978-3-8346-3095-7 | www.verlagruhr.de | Abb.: © Verlag an der Ruhr

Experiment: Zucker sichtbar machen

Ihr braucht:

- Banane
- Apfel
- Schokolade
- Gurke
- Mandel
- Wasser
- Traubenzuckerteststäbchen

So geht es:

Träufelt auf jedes Lebensmittel etwas Wasser. Haltet ein Teststäbchen an jedes Lebensmittel. Lest auf dem Beipackzettel oder der Verpackung der Teststäbchen nach, was die Farben bedeuten.

Kopiervorlage

Experiment: Eiweiß sichtbar machen

Ihr braucht:

- 1 Becher Milch
- 1 Becher Limonade
- 1 Becher Nussmilch
- 1 Becher Joghurt
- Essig
- Löffel

So geht es:

Gebt nacheinander in jeden Becher zwei Löffel Essig. Beobachtet, was geschieht.

22. Vitamine, Mineralien und Ballaststoffe

Darum geht's

Ohne Schutzstoffe könnten wir Menschen nicht überleben. Vitamine, Mineralien und Ballaststoffe sind demnach wichtiger für unser Wohlergehen, als vielen Menschen bewusst ist. Die folgende Stunde möchte dazu beitragen, Ihren Schülern die Bedeutung einer gesunden Ernährung zu verdeutlichen. Um die Kinder nicht zu überfordern, erarbeiten sie die drei großen Themenbereiche jeweils in 3-fach differenzierten Kleingruppen.

Kompetenzerwartungen

Die Kinder
- kennen Vitamine, Mineralien und Ballaststoffe und deren Funktion,
- kennen pflanzliche Quellen für diese Schutzstoffe.

Materialliste

- Kopiervorlage (S. 83)
- Arbeitsblätter (S 84–87)

Das bereiten Sie vor

Kopieren Sie das Puzzle „Mein Körper" (S. 83). Schneiden Sie die einzelnen Puzzleteile aus.
Auf den Seiten 84 bis 86 finden Sie Arbeitsblätter zu drei verschiedenen Schutzstoffen: Vitamine, Mineralien und Ballaststoffe, die sich in ihrem Schwierigkeitsgrad unterscheiden. Das Arbeitsblatt „Vitamine" ist für leistungsschwächere Schüler konzipiert. Das Arbeitsblatt „Mineralien" richtet sich an Schüler im Leistungsmittelfeld. Für leistungsstarke Schüler dient das Arbeitsblatt „Ballaststoffe". Ordnen Sie im Vorfeld jedem Schüler eines der drei Arbeitsblätter zu und kopieren Sie diese entsprechend. Die Kopiervorlage „Das möchten wir den anderen erzählen" (S. 87) benötigen Sie für jedes Kind.

Stundenverlauf

1. Einstieg (ca. 5 Minuten)

Kommen Sie mit den Kindern im Sitzkreis zusammen. Zeigen Sie ihnen die mitgebrachten Puzzleteile und setzen Sie diese gemeinsam zusammen. Nachdem die Kinder das Bild als „Körper" deklariert haben, verraten Sie ihnen, dass sie sich heute mit Stoffen beschäftigen wollen, die den Körper gesund halten.

2. Arbeitsphase (ca. 25 Minuten)

Teilen Sie den Kindern das vorab ausgewählte Arbeitsblatt aus. Gemäß den Abbildungen oben rechts finden sich alle Kinder mit dem gleichen Symbol (Apfel, Banane oder Weintraube) in einer Gruppe zusammen. Zunächst liest jedes Kind den Text und beantwortet die Fragen. Anschließend tauschen sich die Gruppenmitglieder mithilfe der Kopiervorlage „Das möchten wir den anderen erzählen" über das jeweilige Thema aus.

3. Abschluss (ca. 15 Minuten)

Geben Sie jeder der drei Gruppen die Gelegenheit, die Mitschüler über ihr jeweiliges Thema im Plenum zu informieren.

Mein Körper – Ein Puzzle

Vitamine

Vielleicht hast du schon oft gehört, dass du Obst
und Gemüse essen sollst. Doch wieso?
Nun, Obst und Gemüse sind sehr gesund.
Obst und Gemüse enthalten viele Vitamine.
So nennt man Stoffe, die dein Körper braucht.
Es gibt viele verschiedene Vitamine. Ohne sie kannst du nicht leben.
Sie geben dir zum Beispiel Energie. Einige Vitamine sind wie eine Art Polizei.
Sie erkennen, wenn etwas in deinem Körper nicht stimmt und reparieren ihn.
Andere Vitamine bauen dein Blut auf oder schützen dich vor Krankheiten.
Es gibt auch Vitamine, die dafür sorgen, dass du gute Laune hast.
Manche Vitamine helfen dir, wenn du dich geschnitten hast.
Dann sorgen sie dafür, dass sich deine Wunde schnell
wieder schließt. Ist das nicht Grund genug, viel Obst
und Gemüse zu essen?

1. Wozu brauchst du Vitamine? Unterstreiche im Text.

2. Worin findest du Vitamine?

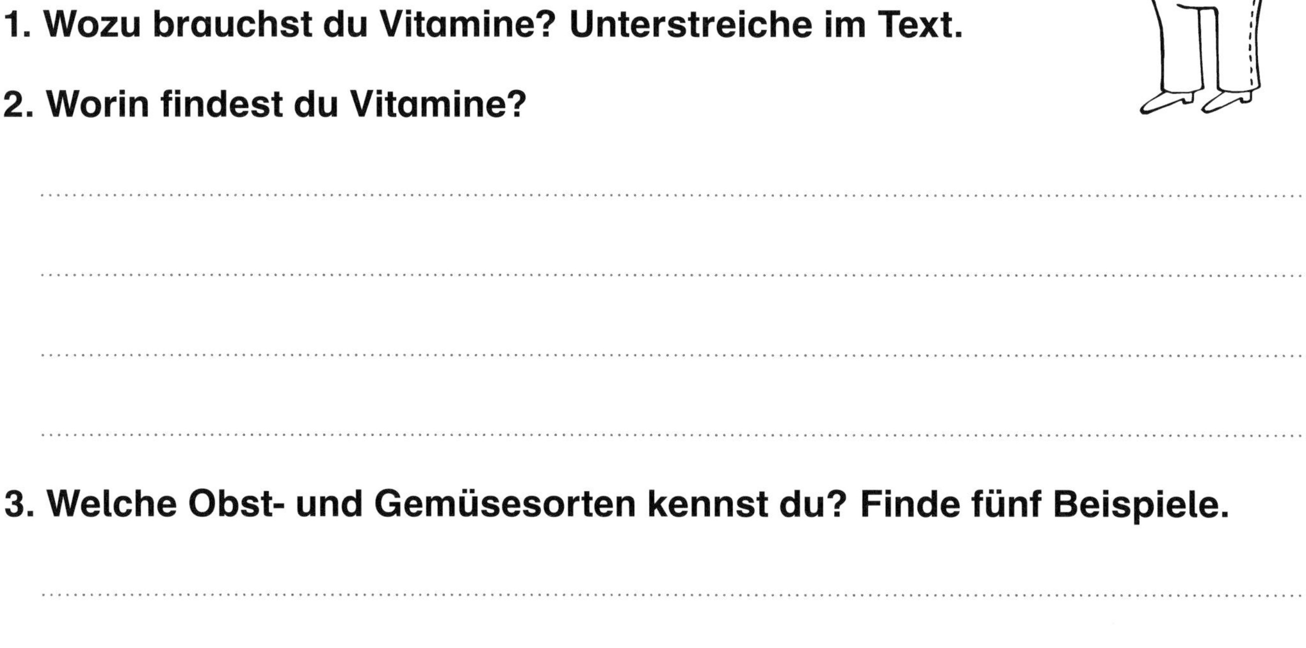

3. Welche Obst- und Gemüsesorten kennst du? Finde fünf Beispiele.

Mineralien

Das Wort Mineralien kennst du bestimmt vom Mineralwasser. Doch was sind eigentlich Mineralien? Damit meint man Stoffe, die in einigen Nahrungsmitteln stecken.
In Gemüse, Nüssen, Bananen, Bohnen, Linsen und Kakao findest du viele Mineralien. Sie braucht dein Körper, um gesund zu bleiben.
Kalzium ist eines der Mineralien. Das brauchst du, damit deine Knochen stark bleiben. Kalzium brauchst du aber auch, damit du starke Nerven hast. Dank Kalzium hast du weniger Angst und bist nicht so nervös.
Magnesium sorgt in deinem Körper für Entspannung.
Es lockert deine Muskeln. Außerdem sorgt es dafür, dass du auch dann ruhig bleiben kannst, wenn du viel zu tun hast.
Mithilfe von Zink kann dein Körper neue Zellen aufbauen. Dadurch wird in und an deinem Körper ständig alles neu hergestellt.
Mineralien sind also ziemlich wichtig für deinen Körper.

1. Welche Mineralien kennst du? Unterstreiche im Text.

2. Wozu braucht dein Körper die Mineralien?

....

....

....

3. Worin findest du Mineralien?

....

....

4. Welche Nüsse kennst du? Finde drei Beispiele.

....

....

....

Ballaststoffe

Hast du schon einmal etwas von Ballaststoffen gehört?
Sie sind wichtig für deinen Körper. Ballaststoffe helfen dir, gesund zu bleiben.
Wenn du etwas isst, wandert die Nahrung von deinem Mund über den Magen in deinen Darm. Dort leben viele kleine Lebewesen. Man nennt sie Darmbakterien. Ohne diese Darmbakterien könntest du gar nicht leben. Sie helfen dir dabei, Vitamine aus der Nahrung zu holen. Einige Darmbakterien stellen sogar selbst Vitamine für dich her.
Vielleicht fragst du dich, was das mit Ballaststoffen zu tun hat.
Nun, deine Darmbakterien brauchen ebenfalls Nahrung, um nicht zu verhungern. Ihre Lieblingsnahrung sind Ballaststoffe.
Nur wenn deine Bakterienfreunde ausreichend Ballaststoffe bekommen, geht es ihnen gut. Deine Darmbakterien glücklich zu machen, ist gar nicht schwer. Gute Ballaststoffe befinden sich nämlich in Obst, Gemüse, Nüssen und im Salat. Neben diesen guten Ballaststoffen gibt es auch Ballaststoffe, von denen du nicht so viele essen solltest.
Sie stecken vor allem in Brot und Nudeln.
Wenn du zu viel davon isst, schadet das deinem Darm.
Da dort deine Freunde leben, schadest du also nicht nur ihnen, sondern auch dir.

1. Wozu braucht dein Körper Ballaststoffe?

....

....

2. Worin befinden sich gute Ballaststoffe?

....

....

3. Warum solltest du nicht so viel Brot und Nudeln essen?

....

....

Das möchten wir den anderen erzählen

Nicht alle Kinder haben den gleichen Text gelesen.
Am Ende der Stunde wirst du mit deiner Gruppe
über euer Thema etwas erzählen.

1. Wie heißt dein Thema? Erfindet gemeinsam eine Überschrift.

....

2. Überlege dir mit deiner Gruppe ein Bild zu deinem Thema. Male es.

3. Was müssen die anderen Kinder über dein Thema wissen? Schreibe es hier auf.

....

....

....

....

....

....

23. Pflanzenmilch

Darum geht's

In dieser Stunde lernen Ihre Schüler schmackhafte Alternativen zur Kuhmilch kennen. Dabei steigen Sie mit Bildvorlagen in die Thematik ein. Dann überlegen die Kinder mittels der Placematmethode, welche Milchprodukte sie kennen, bevor sie zwei Milchalternativen herstellen.

Kompetenzerwartungen

Die Kinder
- kennen Produkte, die Milch enthalten,
- kennen Milchalternativen und können diese herstellen.

Materialliste

- Bildvorlagen (S. 89)
- Kopiervorlage (S. 90)
- Rezepte (S. 91)
- Schere
- Folie
- OHP
- Kochplatte
- Kochtopf
- Standmixer
- Sieb
- Schüssel
- Schneebesen
- 600 g Kokosraspeln
- 300 g Mandeln
- 1 TL Honig
- 1 Becher für jedes Kind

Das bereiten Sie vor

Kopieren Sie die Bildvorlage „Milch" (S. 89). Schneiden Sie die beiden Bilder aus. Kopieren Sie für jede 4er-Gruppe die Placematvorlage „Milchprodukte" (S. 90). Ziehen Sie die Rezepte „Pflanzenmilch" (S. 91) auf Folie. Sollte in Ihrer Schule keine Kochplatte zur Verfügung stehen, fragen Sie rechtzeitig im Kollegium oder bei den Eltern nach. Sollte eines der Kinder gegen Mandeln oder Kokosnüsse allergisch sein, so tauschen Sie diese Nüsse bitte gegen eine andere Sorte aus. Anstatt der Kokosnüsse können Sie z. B. Erdmandeln nutzen, die botanisch gesehen keine Nüsse darstellen. Cashewkerne bilden eine gute Alternative zu Mandeln.

Stundenverlauf

1. Einstieg (ca. 10 Minuten)

Bilden Sie mit den Kindern einen Sitzkreis. Legen Sie die beiden Bildvorlagen gut sichtbar in die Mitte. Besprechen Sie die Bilder anhand der folgenden Fragen:
- *Was siehst du auf den Bildern?*
- *Wo kommt die Milch her, die das Kind trinkt?*
- *Was haben beide Bilder gemeinsam?*
- *Wie denkst du darüber?*

2. Arbeitsphase (ca. 20 Minuten)

Teilen Sie die Kinder in 4er-Gruppen ein. Händigen Sie jeder Gruppe eine Placematvorlage „Milchprodukte" aus. Zunächst notiert jedes Kind, welche Nahrungsmittel Milch enthalten. Dazu nutzen die Kinder das vor ihnen liegende Placematfeld. Im Anschluss vergleichen die Gruppenmitglieder ihre Ideen und einigen sich auf gemeinsame Lösungen. Diese notieren sie im freien Feld (Milchkanne). Schreiben Sie das Wort „Milch" an die Tafel. Gestalten Sie daraus eine Mindmap, auf der Sie die Antworten der Gruppen notieren.

3. Abschluss (ca. 15 Minuten)

Stellen Sie gemeinsam mit den Kindern die Pflanzenmilchalternativen her. Legen Sie dazu die Folie „Pflanzenmilch" (S. 91) auf. Beteiligen Sie die Kinder bei der Herstellung der Milchalternativen und geben Sie ihnen abschließend die Möglichkeit, beide Pflanzenmilchversionen zu testen und den Geschmack zu beurteilen.

Milch

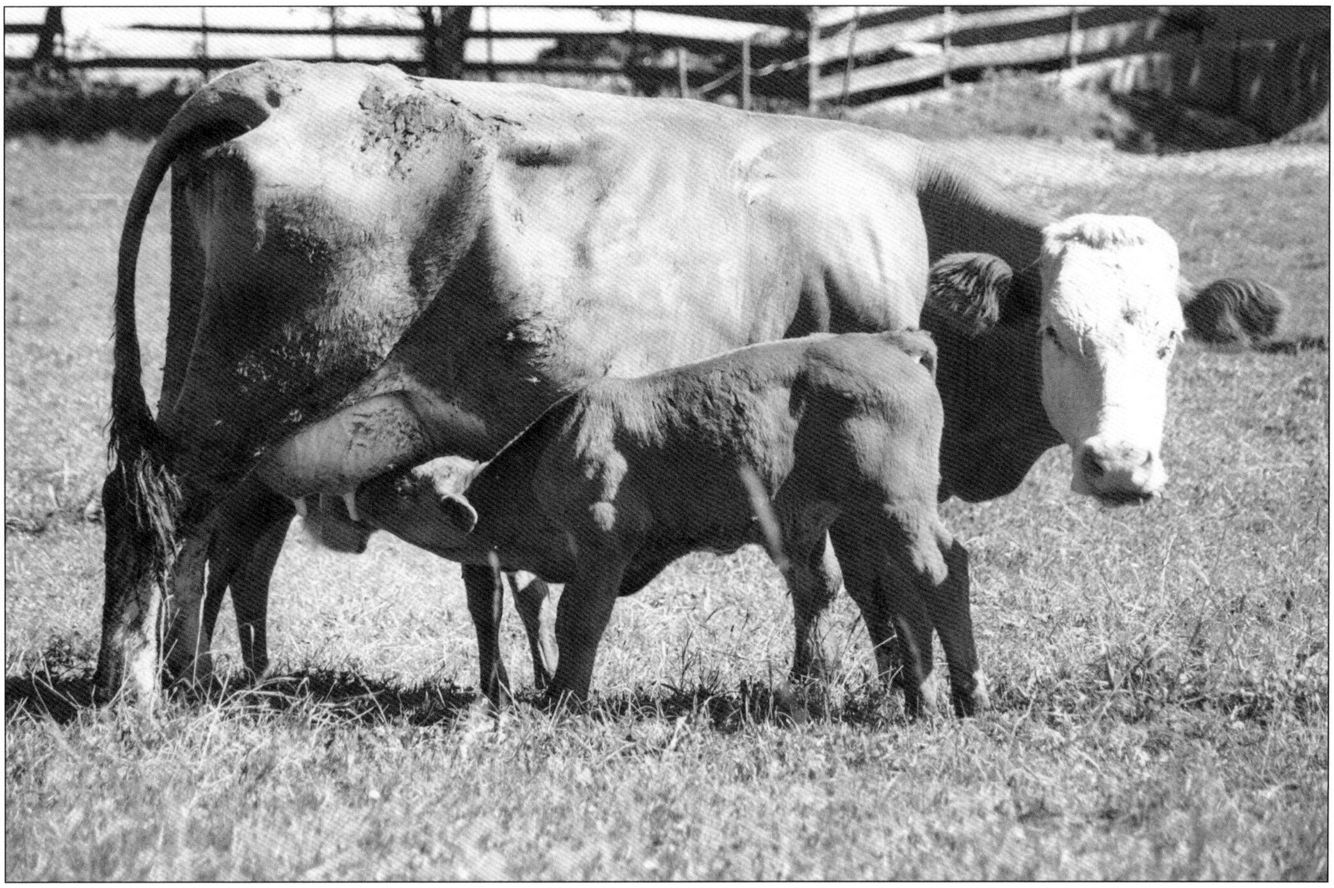

© Gina Sanders – Fotolia.com

© tan4ikk – Fotolia.com

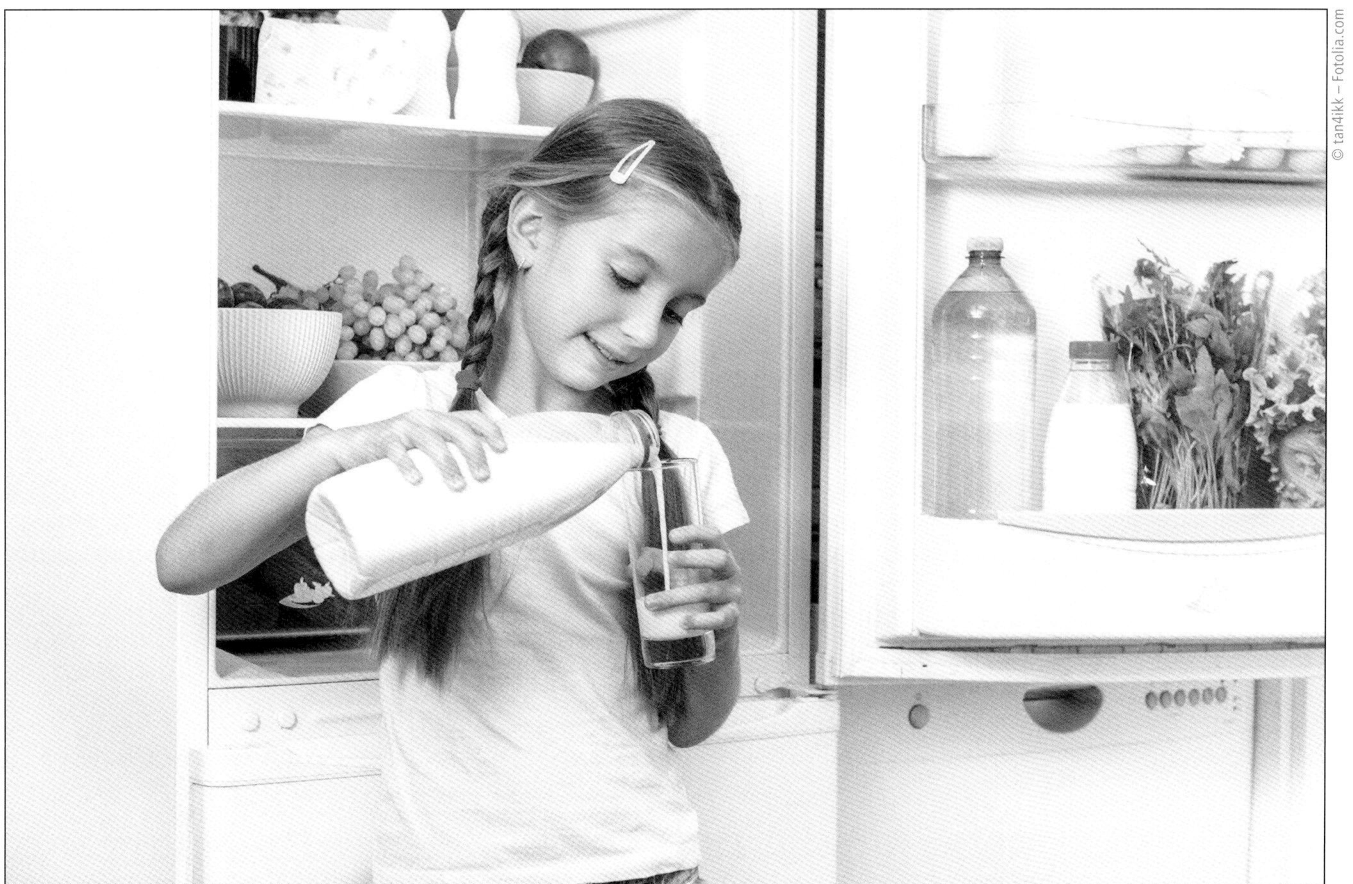

Milchprodukte

1. In welchen Nahrungsmitteln ist Milch enthalten? Schreibe sie in dein Platzdeckchenfeld.
2. Vergleiche deine Ergebnisse mit den anderen Kindern.
3. Einigt euch auf gemeinsame Antworten. Schreibt sie in die Milchkanne.

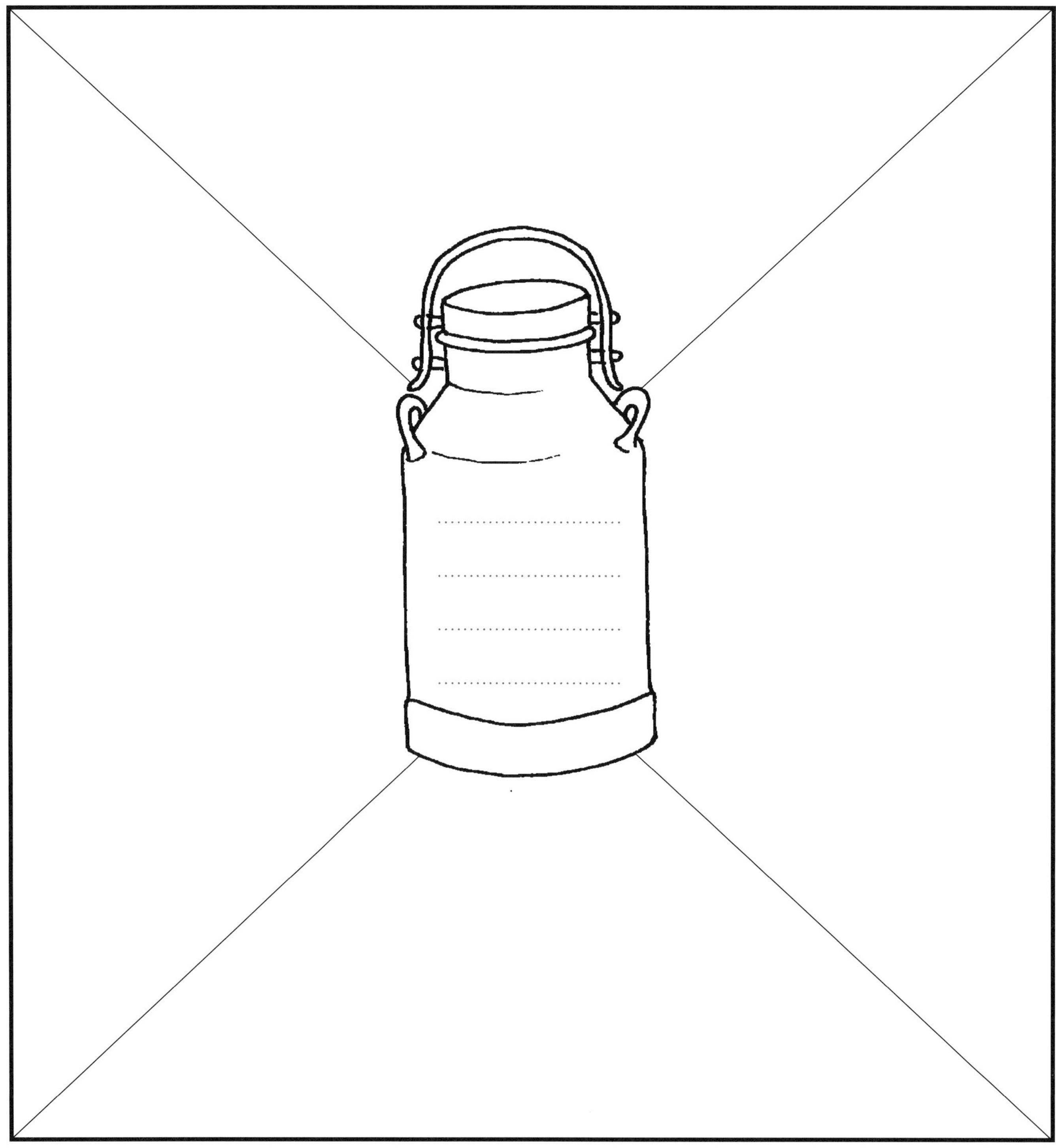

Pflanzenmilch

Kokosmilch

Ihr braucht für 2 Liter „Milch“:

- 2 Liter Wasser
- 600 g Kokosraspeln
- Kochtopf
- Standmixer
- Sieb
- Schüssel

So geht es:
Schüttet das Wasser in den Topf. Gebt die Kokosraspeln hinzu.
Lasst sie etwa fünf Minuten kochen.
Gebt die Kokos-Wasser-Mischung in den Standmixer.
Mixt die Mischung. Stellt das Sieb auf die Schüssel.
Schüttet die Masse über das Sieb.
Fertig ist die Kokosmilch!

Mandelmilch

Ihr braucht für 2 Liter Milch:

- 2 Liter Wasser
- 4 Handvoll Mandeln
- 1 TL Honig
- Standmixer
- Sieb
- Schüssel

So geht es:
Gebt das Wasser und die Mandeln in den Mixer.
Mixt so lange, bis die Mandeln gemahlen sind.
Schüttet die Mandelmilch über das Sieb in die Schüssel.
Gebt den Honig hinzu.
Fertig ist die Mandelmilch!

24. Getreide

Darum geht's

Getreide spielt in unserer westlichen Gesellschaft eine zentrale Rolle. Besonders Weizen ist beliebt. In dieser Stunde lernen die Kinder daher vier alternative Getreidesorten bzw. Urgetreidesorten kennen und backen daraus Brötchen.

Kompetenzerwartungen

Die Kinder
- kennen alternative Getreidesorten zu Weizen,
- kennen Getreideprodukte,
- stellen Brötchen her.

Materialliste

- Bildvorlagen (S. 93/94)
- Schere
- Rezept (S. 95)
- je 500 g Mehl (Dinkel, Einkorn, Emmer, Roggen)
- 4 Päckchen Backpulver
- 4 TL Salz
- 2 Liter Wasser
- 200 ml Olivenöl
- 200 g Leinsamen
- 8 Löffel
- 4 Schüsseln
- 2 Backbleche
- 48 Muffinförmchen
- Plakatkarton (DIN A2)

Das bereiten Sie vor

Kopieren Sie die Bildvorlagen (S. 93/94) und schneiden Sie die einzelnen Bilder aus. Fertigen Sie vier Kopien des Rezeptes „Brötchen" (S. 95) an. Für die Herstellung der Brötchen benötigen Sie einen Backofen.

Stundenverlauf

1. Einstieg (ca. 5 Minuten)

Zeigen Sie den Kindern im Sitzkreis die vorbereiteten Bildvorlagen „Dinkel, Einkorn, Emmer und Roggen". Bitten Sie die Kinder, die Abbildungen zu beschreiben:
- *Was siehst du auf dem Bild?*
- *Weißt du, was das ist?*
- *Was ist auf den Bildern gleich?*
- *Worin unterscheidet sich das Getreide?*

Zeigen Sie den Kindern die mitgebrachten Mehlsorten. Erzählen Sie, dass es aus diesem Getreide hergestellt wurde. Ordnen Sie gemeinsam anhand der Namen jedem Bild das passende Mehl zu. Fordern Sie die Kinder auf, das Aussehen des Mehls zu beschreiben.

2. Arbeitsphase (ca. 30 Minuten)

Teilen Sie die Kinder in vier Gruppen ein. Händigen Sie jeder Gruppe eine Kopie des Rezeptes „Brötchen", die benötigten Zutaten und Backutensilien aus. Jede Gruppe erhält dabei eine andere Sorte Mehl (Dinkel, Einkorn, Emmer oder Roggen). Nach Rezept stellt jede Gruppe nun eine Sorte Brötchen her, die gemeinsam auf zwei Backblechen im auf 180 Grad vorgeheizten Backofen ca. 20 Minuten gebacken werden. Nutzen Sie die Wartezeit, um gemeinsam mit den Kindern ein Plakat zu gestalten. Notieren Sie dazu beispielsweise folgende Überschrift auf dem Plakatkarton: „Das wird aus Getreide hergestellt". Kleben Sie die Bildvorlagen in die Mitte des Plakates und schreiben Sie wie bei einer Fischgräte die Getreideprodukte dazu (Müsli, Brot, Brötchen, Nudeln etc.).

3. Abschluss (ca. 10 Minuten)

Schneiden Sie die Brötchen auf, sodass jedes Kind jede Sorte probieren kann. Geben Sie ihnen die Möglichkeit, den Geschmack wertungsfrei zu beurteilen.

Dinkel und Einkorn

Dinkel

© womue – Fotolia.com

© alessandrozocc – Fotolia.com

Emmer und Roggen

Emmer

© Janine Fretz Weber – Fotolia.com

Roggen

© Iakov Kalinin – Fotolia.com

© Verlag an der Ruhr | Autorin: Aline Kurt | ISBN 978-3-8346-3095-7 | www.verlagruhr.de

Brötchen

Ihr braucht:

- 500 g Mehl (Dinkel-, Einkorn-, Emmer- oder Roggenmehl)
- 1 Päckchen Backpulver
- 1 TL Salz
- 500 ml Wasser
- 50 ml Öl
- 50 g Leinsamen
- 1 Schüssel
- 1 Kochlöffel
- 12 Muffinförmchen
- 1 Backblech

So geht es:

Wascht eure Hände.
Heizt den Backofen auf 180 Grad Umluft vor.
Gebt das Mehl, das Backpulver, das Salz und die Leinsamen in eine Schüssel.
Verrührt die Zutaten mit dem Kochlöffel.
Gebt das Wasser und das Öl hinzu.
Rührt mit dem Kochlöffel kräftig um, bis ein Teig entstanden ist.
Füllt den Teig mit zwei Löffeln in die Förmchen.
Backt die Brötchen 20 Minuten.

Fertig!

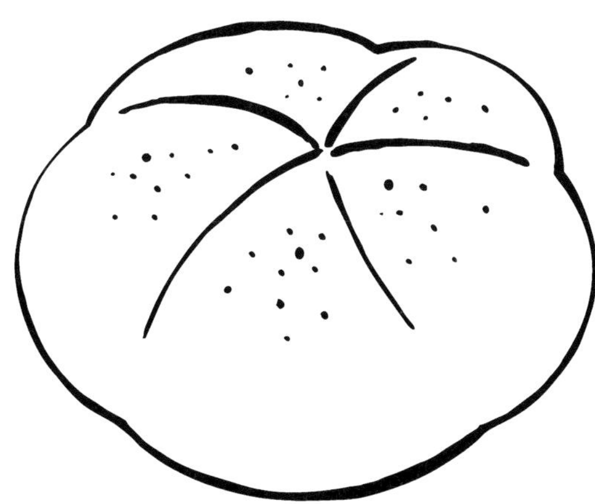

25. Wo kommt dein Essen her?

Darum geht's

In dieser Stunde setzen sich Ihre Schüler mit der Herkunft natürlicher und industriell gefertigter Nahrungsmittel auseinander. Zu Beginn betrachten sie als Bild-Detektive eine Auswahl der beiden Nahrungsmittelarten.
Ein kurzer Text informiert die Kinder über die Herkunft der Lebensmittel und bietet Raum für die eigene, kritische Auseinandersetzung.

Kompetenzerwartungen

Die Kinder
- kennen natürliche und industrielle Lebensmittel und können diese unterscheiden,
- setzen sich mit der Frage nach dem gesundheitlichen Wert naturbelassener und verarbeiteter Lebensmittel auseinander.

Materialliste

- Bildvorlage (S. 97)
- Arbeitsblätter (S. 98/99)
- Folie
- OHP
- Schere für jedes Kind

Das bereiten Sie vor

Ziehen Sie die Bildvorlage (S. 97) auf Folie und fertigen Sie davon eine Kopie für jedes Kind an.
Kopieren Sie die Arbeitsblätter „Schau mal genau hin!" und „Wo kommt dein Essen her?" (S. 98/99) für jedes Kind.

Stundenverlauf

1. Einstieg (ca. 20 Minuten)

Teilen Sie jedem Kind die Bildvorlage, das Arbeitsblatt „Schau mal genau hin!" und eine Schere aus. Die Kinder schneiden das abgebildete Kameraobjektiv heraus, betrachten durch das so entstandene Guckloch die Abbildungen auf der Seite 97 und schreiben auf, welche Nahrungsmittel sie sehen.
Legen Sie anschließend die Folie „Viele Nahrungsmittel" auf. Besprechen Sie die Abbildungen gemeinsam mit den Kindern.

2. Arbeitsphase (ca. 20 Minuten)

Teilen Sie den Kindern das Arbeitsblatt „Wo kommt dein Essen her?" (S. 99) aus. Nachdem Ihre Schüler den Text gelesen haben, markieren sie die in der Vorlage „Viele Nahrungsmittel" abgebildeten natürlichen und industriellen Lebensmittel farbig und setzen sich mit der Frage nach dem gesundheitlichen Wert auseinander.

3. Abschluss (ca. 5 Minuten)

Vergleichen Sie die Ergebnisse. Legen Sie dazu erneut die Folie „Viele Nahrungsmittel" auf.
Achten Sie darauf, dass allen Kindern der Unterschied zwischen industriell gefertigten und natürlichen Lebensmitteln deutlich ist. Nutzen Sie dazu die folgenden Fragen:
- *Woran erkennst du natürliche Lebensmittel?*
- *Woher weißt du, ob ein Lebensmittel aus der Fabrik kommt?*
- *Welche Nahrungsmittel findest du besser?*
- *Welche Nahrungsmittel mag dein Körper am liebsten?*

Viele Nahrungsmittel

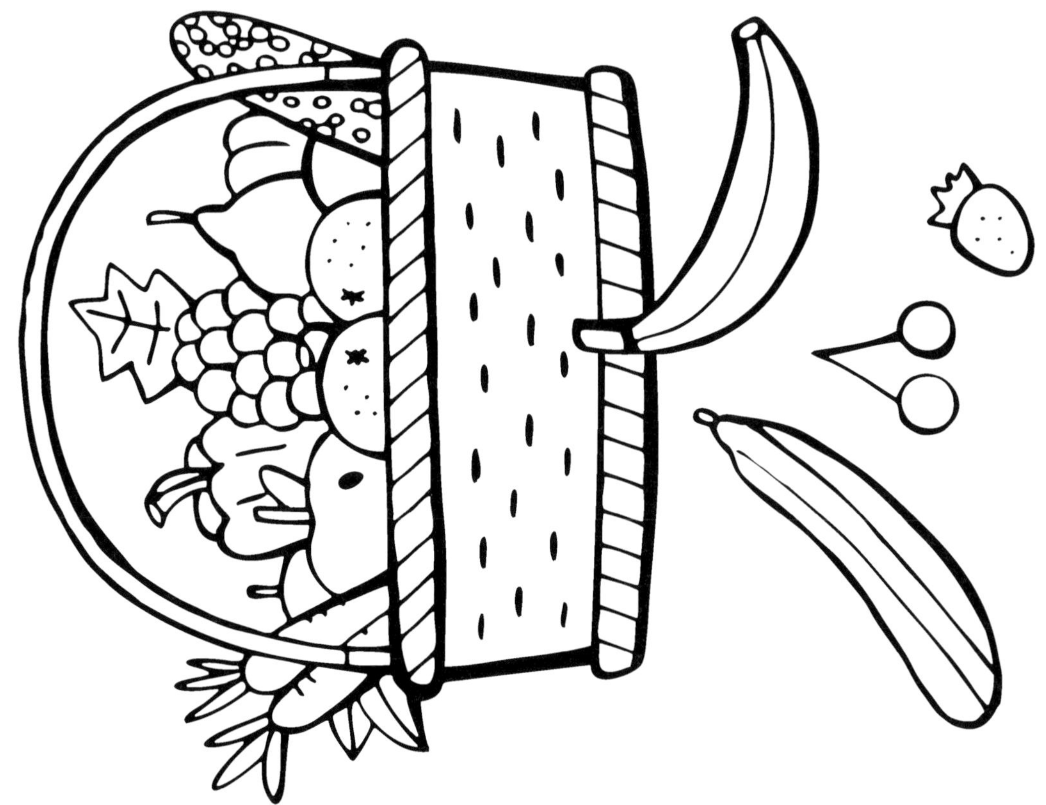

Schau mal genau hin!

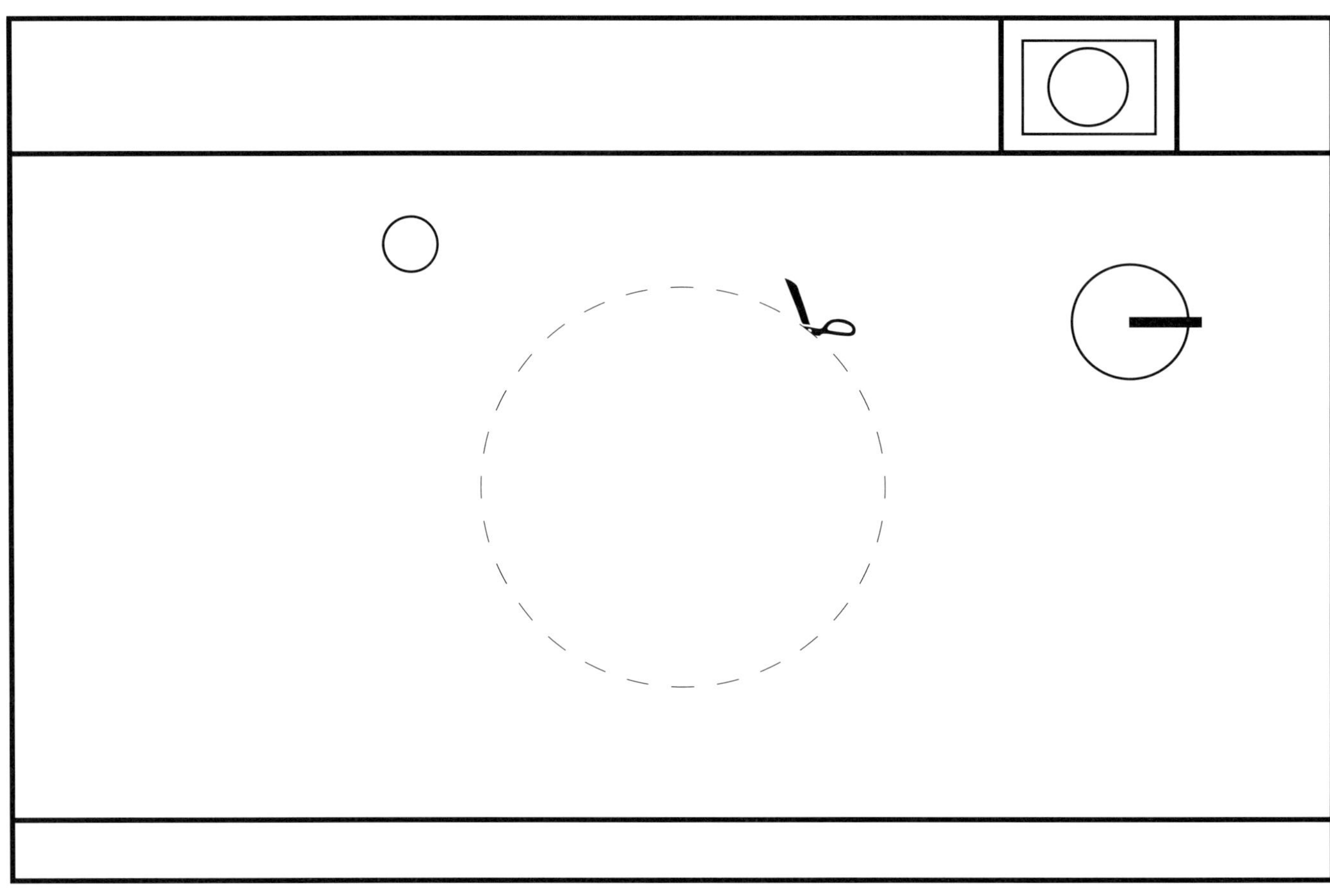

1. Schneide den Kreis in der Mitte des Fotoapparats aus.
2. Schaue dir damit das Bild auf Seite 97 genau an.
3. Welche Lebensmittel siehst du? Schreibe auf.

Wo kommt dein Essen her?

Du weißt, dass es viele verschiedene Nahrungsmittel gibt. Hast du dich schon einmal gefragt, wo sie herkommen? Viele Lebensmittel schenkt uns die Natur. Sie wachsen im oder auf dem Boden. Diese Lebensmittel sind Obst, Gemüse, Kartoffeln, Nüsse und Hülsenfrüchte. Zu den Hülsenfrüchten zählen Linsen, Bohnen und Erbsen. Auch Getreide, wie Hafer, Weizen, Dinkel und Roggen, wachsen in der Natur.
Neben all diesen Lebensmitteln gibt es noch andere Produkte. Die findest du nicht in der Natur, sie werden nämlich hergestellt. Hast du schon einmal Chips, Cola, Hamburger oder Pizza auf einem Feld gesehen? Wohl kaum. Genauso wenig hast du wohl Fertiggerichte in der Natur entdeckt. All diese Dinge werden hergestellt. Dabei enthalten sie eigentlich nichts mehr, was es in der Natur gibt. Das, was du bei diesen Dingen schmeckst, ist künstlich. Mit viel Chemie wird dafür gesorgt, dass diese Produkte einen Geschmack bekommen. Glaubst du, dass das gesund ist?

1. Welche Lebensmittel wachsen in der Natur?
Kreise sie in deiner Vorlage auf Seite 97 grün ein.

2. Welche Lebensmittel sind hergestellt? Kreise sie rot ein.

3. Was denkst du, welche Lebensmittel sind besser für deinen Körper?
Schreibe auf und begründe.

....

....

....

....

....

....

....

26. Rund um die Kartoffel

Darum geht's

In dieser Stunde geht es um die „tolle Knolle". Ihre Schüler beschäftigen sich während einer Einstiegsübung eingehend mit einer Kartoffel und erkennen dabei, dass es nicht nur unterschiedliche Kartoffelsorten gibt, sondern, dass auch innerhalb einer Sorte keine Kartoffel der anderen gleicht. Wenn sie dann Kartoffelprodukte benannt haben, backen sie gemeinsam einen Kartoffelkuchen.

Kompetenzerwartungen

Die Kinder
- wissen, dass es unterschiedliche Kartoffelsorten gibt,
- kennen Kartoffelprodukte,
- backen einen Kartoffelkuchen.

Materialliste

- 1 Kartoffel für jedes Kind
- 1 Korb oder Karton
- Rezept (S. 101)
- Folie
- OHP
- 500 g gekochte Kartoffeln vom Vortag
- 250 g Mehl
- 1 Päckchen Backpulver
- 250 g Margarine oder Butter
- 3 Eier
- 6 EL Rohrzucker
- 1 Tasse Rosinen
- ½ TL Zimt
- 1 Kartoffelpresse
- 1 Schüssel
- Backpapier
- 1 Kochlöffel
- 1 Teigschaber
- 1 Backblech
- Handrührgerät

Das bereiten Sie vor

Kochen Sie 500 g geschälte Kartoffeln bereits am Vortag. Ziehen Sie das Rezept „Kartoffelkuchen" (S. 101) auf Folie. Legen Sie für jedes Kind eine Kartoffel in einen Korb oder Karton. Achten sie darauf, möglichst viele unterschiedliche Kartoffelsorten auszuwählen.

Stundenverlauf

1. Einstieg (ca. 5 Minuten)

Zeigen Sie den Kindern die mitgebachten Kartoffeln, von denen sich jedes Kind eine aussuchen darf. Ihre Schüler beschäftigen sich nun mit ihrer Kartoffel und legen sie anschließend zurück in den Korb. Danach müssen die Kinder ihre Kartoffel wiederfinden. Alle Kartoffeln werden gut sichtbar in die Kreismitte gelegt. Besprechen Sie die Übung anschließend anhand der folgenden Fragen:
- *Woran hast du deine Kartoffel erkannt?*
- *Wie sieht sie aus?*
- *Sehen alle Kartoffeln gleich aus?*
- *Woran liegt das?*

2. Arbeitsphase (ca. 5 Minuten)

Schreiben Sie „Aus Kartoffeln macht man ..." an die Tafel. Schreiben Sie darunter die Buchstaben von A bis Z als ABC-Liste. Fragen Sie die Kinder, welche Kartoffelprodukte sie kennen und notieren Sie diese in der ABC-Liste. Hier geht es darum, den Kindern die Vielfalt bewusst zu machen (z. B. Salat, Pommes, Kartoffelbrei, Chips etc.).

3. Abschluss (ca. 35 Minuten)

Legen Sie abschließend die vorbereitete Folie „Kartoffelkuchen" auf. Backen Sie den Kuchen gemeinsam mit den Kindern. Nutzen Sie die Backzeit, um das Klassenzimmer aufzuräumen. Der Kuchen schmeckt übrigens warm am besten!

Kartoffelkuchen

Ihr braucht:

Für den Teig:

- 500 g gekochte Kartoffeln
- 250 g Mehl
- 1 Päckchen Backpulver
- 2 EL Zucker
- 150 g Butter oder Margarine
- 3 Eier
- 1 Tasse Rosinen

Außerdem:

- 1 Schüssel
- 1 Kartoffelpresse
- 1 Handrührgerät
- 1 Kochlöffel
- 1 Backblech
- Backpapier
- 1 Teigschaber

Für den Guss:

- 100 g Butter oder Margarine
- 4 EL Rohrzucker
- $^1/_2$ TL Zimt

So geht es:

Heizt den Backofen auf 225 Grad (Ober und Unterhitze) vor.
Gebt die Kartoffeln nacheinander in die Kartoffelpresse.
Presst sie in die Schüssel.
Gebt das Mehl, das Backpulver und den Zucker hinzu.
Verrührt die Masse mit dem Handrührgerät.
Fügt anschließend 150 g Butter und die Eier hinzu.
Rührt so lange, bis sich alle Zutaten vermischt haben.
Rührt die Rosinen mit dem Kochlöffel unter.
Legt das Backpapier auf das Backblech.
Verstreicht den Teig dünn darauf. Benutzt dazu den Teigschaber.
Backt den Kuchen ca. 20 Minuten.
Gebt in der Zwischenzeit 100 g Butter in einen Topf und lasst sie schmelzen.
Mischt den Zucker mit dem Zimt.
Verstreicht die geschmolzene Butter auf dem Kuchen.
Bestreut ihn mit der Zucker-Zimt-Mischung.

27. Andere Länder, anderes Frühstück

Darum geht's

In dieser Stunde erfahren Ihre Schüler, dass zwar überall auf der Welt gefrühstückt wird, doch dass sich die Auswahl der Nahrungsmittel stark voneinander unterscheidet. Zum Einstieg setzen sich die Kinder anhand eines Fragebogens mit ihren eigenen Frühstücksgewohnheiten auseinander. Im Anschluss lernen sie anhand eines Textes ausgewählte Frühstücksgewohnheiten kennen und stellen zwei verschiedene Sorten Frühstücksbrei her.

Kompetenzerwartungen

Die Kinder

- setzen sich mit ihren eigenen Frühstücksgewohnheiten auseinander,
- lernen exemplarische Frühstücksmöglichkeiten kennen,
- stellen gemeinsam englisches Porridge und afrikanischen Maisbrei her.

Materialliste

- Arbeitsblatt (S. 103)
- Arbeitsblatt (S. 104)
- Rezepte „Frühstücksbrei" (S. 105)
- 6 Liter Milch oder Reismilch
- 450 g Maisgrieß
- 600 g Haferflocken (evtl. glutenfrei)
- 12 EL Rohr- oder Birkenzucker
- 60 g Butter oder Margarine
- 2 Kochtöpfe
- 2 Kochlöffel
- 2 Herdplatten
- 1 Teller für jedes Kind
- 1 Löffel für jedes Kind

Das bereiten Sie vor

Kopieren Sie den Fragebogen „Mein Frühstück" (S. 103) und das Arbeitsblatt „Frühstück in anderen Ländern" (S. 104) und die Rezepte „Frühstücksbrei" (S. 105) für jedes Kind.
Stellen Sie im Vorfeld sicher, dass Sie für diese Stunde eine externe Kochplatte mit zwei Kochfeldern zur Verfügung haben.

Stundenverlauf

1. Einstieg (ca. 10 Minuten)

Teilen Sie den Kindern den Fragebogen „Mein Frühstück" aus und bitten Sie sie, diesen auszufüllen.
Geben Sie den Kindern anschließend auf freiwilliger Basis die Gelegenheit, über ihre Antworten zu sprechen.

2. Arbeitsphase (ca. 10 Minuten)

Teilen Sie den Kindern das Arbeitsblatt „Frühstück in anderen Ländern" aus. Nachdem die Kinder den Text gelesen haben, ordnen sie die Bilder den jeweiligen Ländern zu. Vergleichen Sie anschließend gemeinsam die Ergebnisse.

3. Abschluss (ca. 25 Minuten)

Teilen Sie jedem Kind eine Rezeptkopie „Frühstücksbrei" aus. Stellen Sie gemeinsam die beiden Breisorten her und probieren Sie diese im Anschluss gemeinsam.
Bitten Sie die Kinder, den Geschmack zu beurteilen.

Mein Frühstück

1. Was isst du oft zum Frühstück? Kreuze an.

❑ Brot
❑ Brötchen
❑ Müsli
❑ Cornflakes
❑ Wurst
❑ Käse
❑ Marmelade
❑ Eier
❑ Frühstücksbrei
❑ Obst
❑ Fisch
❑ Reis
❑ Bohnen
❑ Suppe
❑ nichts
❑ Süßigkeiten
❑ frisches Gemüse
❑ gekochtes Gemüse

2. Was trinkst du zum Frühstück? Kreuze an.

❑ Tee
❑ Kakao
❑ Wasser
❑ Saft
❑ Milch
❑ Cola
❑ Limo
❑ nichts

3. Was würdest du gern mal zum Frühstück probieren? Kreise ein.

© Verlag an der Ruhr | Autorin: Aline Kurt | ISBN 978-3-8346-3095-7 | www.verlagruhr.de | Rahmen: © Verlag an der Ruhr

Frühstück in anderen Ländern

Überall auf der Welt frühstücken die Menschen. Doch das Frühstück ist überall anders.
Das türkische Frühstück ist deinem vielleicht noch am ähnlichsten.
In der Türkei isst man morgens gerne Fladenbrot. Das ist ein dünnes Brot aus Weizen. Dazu essen die Leute Schafskäse, Tomaten, Gurken und Oliven.
In England und in Afrika essen die Menschen morgens einen warmen Brei. In England wird er aus gekochten Haferflocken gemacht. In Afrika kochen die Menschen Maismehl mit Wasser.
In Brasilien isst man morgens gerne salzige Sachen. Viele Brasilianer frühstücken „Feijoada“, eine traditionelle, dicke Suppe aus schwarzen Bohnen und verschiedenen Fleisch- und Wurstsorten.
In China frühstückt man gern frittierte Teigstreifen, warme Sojamilch und Tee. Aber auch heiße Gemüse-Suppen oder eingelegtes Gemüse mit Reis kommen auf den Tisch.

Wer frühstückt was? Verbinde.

○

China ●

○ 

Türkei ●

Brasilien ● 

○ 

Afrika ●

○ 

 © Verlag an der Ruhr | Autorin: Aline Kurt | ISBN 978-3-8346-3095-7 | www.verlagruhr.de

Frühstücksbrei

Afrikanischer Frühstücksbrei

Ihr braucht:

- 3 Liter Milch oder Reismilch
- 450 g Maisgrieß
- 6 EL Rohrzucker oder Birkenzucker
- 1 Kochtopf
- 1 Kochlöffel

So geht es:
Gebt alle Zutaten in den Topf.
Kocht die Mischung kurz auf.
Nehmt den Topf vom Herd und lasst den Brei zehn Minuten mit Deckel ziehen.

Englischer Frühstücksbrei

Ihr braucht:

- 600 g Haferflocken
- 3 Liter Milch oder Reismilch
- 60 g Butter oder Margarine
- 5 EL Rohrzucker oder Birkenzucker
- 1 Kochtopf
- 1 Kochlöffel

So geht es:
Gebt die Haferflocken mit der Milch und der Butter in den Topf.
Schaltet den Herd ein.
Kocht den Brei etwa zehn Minuten.
Rührt dabei ständig um, damit er nicht anbrennt.
Gebt zum Schluss den Zucker hinzu.

28. Essen früher, Essen heute

Darum geht's

Dass sich unsere Ernährungsgewohnheiten verändert haben, ist wohl kaum von der Hand zu weisen. Doch was haben die Menschen eigentlich gegessen, bevor es die immense Auswahl natürlicher und industriell gefertigter Lebensmittel gab?
Dieser Frage gehen Ihre Schüler in der folgenden Stunde nach. Eine Geschichte stimmt sie auf das Thema ein und bietet wertvolle Informationen über die früheren Essgewohnheiten. Aus diesen Informationen gestalten die Kinder in Kleingruppen ein Plakat.

Kompetenzerwartungen

Die Kinder wissen, wie sich die Menschen vor Beginn der Industrienahrung ernährt haben.

Materialliste

- Geschichte (S. 107)
- 1 Plakatkarton für jede 4er-Gruppe
- Werbeprospekte für Lebensmittel
- Schere
- Kleber

Das bereiten Sie vor

Kopieren Sie die Geschichte „Früher war das anders" (S. 107) für jedes Kind.

Stundenverlauf

1. Einstieg (ca. 10 Minuten)

Teilen Sie den Kindern die Geschichte „Früher war das anders" aus und lesen Sie den Text gemeinsam. Besprechen Sie anschließend die Geschichte anhand der folgenden Fragen:

- *Was sieht Frieda in Omas Garten?*
- *Was möchte Frieda gerne essen?*
- *Warum möchte Oma das nicht zubereiten?*
- *Was erzählt Oma über ihre Ernährung?*
- *Kannst du dir vorstellen, wie das damals gewesen sein muss?*

2. Arbeitsphase (ca. 25 Minuten)

Teilen Sie die Kinder in 4er-Gruppen ein. Alternativ können Sie auch ein bis zwei 3er-Gruppen bilden. Notieren Sie folgende Überschriften an der Tafel:

- „Das haben die Menschen früher gegessen"
- „Das essen wir heute"
- „So denken wir darüber"

Jede Gruppe erhält einen Plakatkarton. Darauf notiert sie die drei Überschriften und füllt diese mit Inhalten. Lassen Sie den Kindern dabei freie Hand. Sie dürfen selbst wählen, ob sie malen, ausschneiden oder schreiben wollen oder eine Mischform finden.

3. Abschluss (ca. 10 Minuten)

Abschließend darf jede Gruppe ihre Ergebnisse im Plenum präsentieren.

Früher war das anders

Frieda verbringt die Ferien bei ihrer Oma. Sie ist ziemlich aufgeregt. Schließlich hat sie noch nie woanders geschlafen.
Als sie bei Oma ankommt, freut sich Frieda. Oma hat nämlich für Frieda Pflaumenkuchen gebacken. Die Pflaumen hat Oma im Garten gepflückt.
Nach dem Essen gehen die beiden gemeinsam in den Garten. Dort bestaunt Frieda all das Obst und Gemüse. In Omas Garten wächst allerhand.

Frieda hilft Oma dabei, Unkraut zu zupfen. Das ist wichtig.
Nur so hat das Gemüse genug Platz zum Wachsen. Doch das ist auch ein bisschen anstrengend.
Frieda bekommt Hunger.
„Können wir eine Pizza machen?“, fragt Frieda. Oma schaut sie erstaunt an.
„Bei all dem frischen Gemüse? Schau mal. Daraus können wir uns doch etwas Gutes kochen“, meint Oma. Doch Frieda will lieber Pizza. Sie ist ein bisschen sauer auf Oma. Das merkt Oma.
Oma sagt: „Früher gab es keine Pizza. Es gab auch keine Fertiggerichte zu kaufen. Auch Schokolade und Gummibärchen gab es nicht.
Wir haben aus Gemüse etwas Leckeres gekocht und aus Mehl Brot gebacken.
Die Milch hatten wir von unseren Kühen. Daraus haben wir Butter und Quark gemacht. Ich fand das toll und habe nichts vermisst“, erklärt Oma. Dann zieht sie Frieda an sich. „Komm, Spatz, wir machen einen leckeren Eintopf aus dem Gemüse. Das wird dir genauso gut schmecken.“
Frieda ist einverstanden. Eine Pizza wäre ihr zwar lieber, aber sie will das Gemüse wenigstens mal probieren.

29. Wildkräuter

Darum geht's

In dieser Stunde holen Sie bei einem kurzen Ausflug mit Ihrer Klasse ausgewählte Wildkräuter ins Klassenzimmer und stellen daraus grüne Smoothies her.

Kompetenzerwartungen

Die Kinder
- kennen ausgewählte Wildkräuter,
- kennen den gesundheitlichen Nutzen,
- stellen grüne Smoothies her.

Materialliste

- Bildvorlage (S. 109)
- Kopiervorlage (S. 110)

Für jedes Kind:
- 1 Becher

Für jede 6er-Gruppe:
- 1 Stofftasche
- 1 Mixer
- 2 Bananen
- 2 zerkleinerte Äpfel
- 1 Handvoll Trauben
- je nach Saison: Beeren oder Orangen

Das bereiten Sie vor

Wählen Sie eine geeignete Sammelstelle für die Wildkräuter aus. Diese sollte sowohl naturbelassen als auch in Schulnähe gelegen sein. Naturbelassene Wiesen erkennen Sie an der Artenvielfalt der Pflanzen. Wildkräuter fühlen sich nämlich auf gedüngten und gespritzten Wiesen nicht wohl und siedeln sich hier nicht an. Da die Wildkräuter zum Verzehr gedacht sind, achten Sie bitte außerdem darauf, dass Ihre Sammelstelle nicht als Hundetoilette genutzt wird und nicht in unmittelbarer Straßennähe liegt. Kopieren Sie den Bestimmungsbogen „Wildkräuter" (S. 109) und die Anleitung „Wildkräuter-Smoothie" (S. 110) für jedes Kind. Waschen Sie das Obst und schneiden Sie die Äpfel klein.

Stundenverlauf

Einstieg (ca. 20 Minuten)

Führen Sie die Kinder zu Ihrer ausgewählten Wildkräutersammelstelle. Händigen Sie jedem Schüler eine Kopie des Bestimmungsbogens „Wildkräuter" aus. Teilen Sie die Kinder in 6er-Gruppen ein. Jede Gruppe erhält eine Stofftasche. Suchen Sie gemeinsam mit allen Gruppen mindestens zwei der abgebildeten Wildkräuter. Jede Gruppe darf davon jeweils zwei Handvoll pflücken. Vom Gundermann sollte jede Gruppe maximal vier Blätter sammeln, da dieser einen sehr starken Eigengeschmack hat.

2. Arbeitsphase (ca. 20 Minuten)

Zurück im Klassenzimmer erhält jedes Kind die Anleitung „Wildkräuter-Smoothie". Die Kinder finden sich wieder in ihren 6er-Gruppen ein und tauschen sich gemäß der Anleitung zunächst über die Wildkräuter aus. Im Anschluss erhält jede Gruppe nacheinander den Standmixer und das vorbereitete Obst. Daraus stellen die Kinder ihre Smoothies her, die sie natürlich auch probieren sollen. Weisen Sie die Kinder hier unbedingt darauf hin, dass sie die Flüssigkeit nicht trinken, sondern gut kauen müssen (Nur so kann gewährleistet werden, dass der Körper die benötigten Verdauungsenzyme herstellt).

3. Abschluss (ca. 5 Minuten)

Reflektieren Sie die Stunde anhand der folgenden Fragen:
- *Was hast du heute Neues erfahren?*
- *Was denkst du über Wildkräuter?*
- *Wie schmecken dir die Smoothies?*

Wildkräuter

 © Verlag an der Ruhr | Autorin: Aline Kurt | ISBN 978-3-8346-3095-7 | www.verlagruhr.de

Wildkräuter – Smoothie

Wildkräuter sehen nicht nur toll aus. Sie sind sogar sehr gesund.
Du hast richtig gelesen. Vogelmiere, Löwenzahn, Gundermann und Giersch kannst du essen. Wildkräuter enthalten viele Vitamine und Mineralien.
Ihre grüne Farbe kommt vom Chlorophyll. Das ist ein Pflanzenfarbstoff. Er ist so ähnlich aufgebaut wie dein Blut. Wenn du Wildkräuter isst, kann dein Körper daraus neues Blut für dich herstellen. Ist das nicht toll?

1. Schaue dir die Wildkräuter genau an. Rieche daran. Sprich mit den anderen darüber.

2. Fühle die Blätter: Wie fühlen sie sich an? Tausche dich darüber mit deiner Gruppe aus.

3. Probiert gemeinsam das Smoothie-Rezept (sprich Smuußi) aus.

Wildkräuter-Smoothie

Ihr braucht:

- 2 Handvoll Wildkräuter
- 1 Banane
- $^1/_2$ Apfel
- 1 Liter Wasser
- 1 Standmixer

So geht es:

Wascht die Wildkräuter.
Gebt sie in den Mixer.
Schält die Banane.
Gebt sie zusammen mit dem Apfel in den Mixer.
Füllt das Wasser ein.
Schaltet den Mixer ein.
Mixt so lange, bis alle Zutaten zerkleinert sind.

30. Gesund oder ungesund?

Darum geht's

Da Gesundheitserziehung und insbesondere der Aspekt der gesunden Ernährung niemals mit erhobenem Zeigefinger erfolgen sollte, setzen sich die Kinder hier eigenständig mit der Frage nach gesunder oder ungesunder Ernährung auseinander.
Zum Einstieg überlegt sich jedes Kind drei Nahrungsmittel, die es kennt. Durch den anschließenden Austausch wird das Bewusstsein für das vielfältige Nahrungsangebot erweitert.
Mithilfe der Graffiti-Methode denken die Schüler in einem weiteren Schritt darüber nach, was als gesund oder ungesund angesehen werden kann. Durch diese Vorgehensweise setzen sich Ihre Schüler selbst aktiv mit der Frage auseinander und lernen miteinander.

Kompetenzerwartungen

Die Kinder denken über gesunde und ungesunde Lebensmittel nach.

Materialliste

- 4 Blatt Papier in DIN A3
- 3 Notizzettel für jedes Kind
- 4 Plakatkartons (DIN A3)
- Buntstifte

Das bereiten Sie vor

Schreiben Sie die folgenden Überschriften jeweils auf ein DIN-A3-Papier:
1) Welche Lebensmittel sind gesund?
2) Welche Lebensmittel sind ungesund?
3) Was denkst du über gesunde Ernährung?
4) Wie ernährt man sich gesund?

Arrangieren Sie die Tische und Stühle zu vier großen Gruppentischen. Legen Sie auf jeden Gruppentisch eines der vier vorbereiteten Blätter.

Stundenverlauf

1. Einstieg (ca. 5 Minuten)

Teilen Sie jedem Kind drei Notizzettel aus. Darauf notieren sie jeweils ein Nahrungsmittel, das sie kennen.
Bitten Sie Ihre Schüler anschließend mit ihren Zetteln im Sitzkreis zusammenzukommen und ihre Zettel reihum vorzulesen.

2. Arbeitsphase (ca. 30 Minuten)

Teilen Sie die Kinder in vier möglichst gleich große Gruppen ein. Weisen Sie jeder Gruppe einen der vorbereiteten Gruppentische zu. Jedes Gruppenmitglied darf nun die Frage schriftlich auf dem Blatt Papier beantworten, ohne sich jedoch dabei mit den anderen Gruppenmitgliedern zu unterhalten. Auf Ihr Zeichen hin wechselt jede Gruppe geschlossen im Uhrzeigersinn an den nächsten Gruppentisch. Auch hier notiert wieder jedes Gruppenmitglied seine Ideen. Verfahren Sie auf diese Weise, bis jede Gruppe wieder an ihrem Ausgangstisch angelangt ist. Dort erhält jede Gruppe einen Plakatkarton und Buntstifte. Die Gruppen sichten zunächst die Antworten ihrer Mitschüler und markieren ähnliche Aussagen farbig. Anschließend fassen sie die Ergebnisse auf dem Plakatkarton zusammen.

3. Abschluss (ca. 10 Minuten)

Geben Sie jeder Gruppe die Gelegenheit, die Ergebnisse im Plenum vorzustellen.

Medientipps

Literatur

Becker, Julia u. a.:
10-Minuten-Rätsel und -Spiele: Körper & Gesundheit.
Klasse 1–4. Auer Verlag, 2014.
ISBN 978-3-403-07333-8

Benny Blu:
Bleib fit! Gesund essen, viel bewegen. Bd. 284.
Verlag Kinderleicht Wissen, 2014.
ISBN 978-3-86751-634-1

Fischer, Margot:
Durchs wilde Jahr.
Wildpflanzenküche für junge Feinspitze.
PROverbis Verlag, 2014.
ISBN 978-3-902838-11-7

Holm-Grünberg, Beate:
In meinem Körper geht's mir gut.
Das Gesundheits-Forscher-Buch für Kita und Grundschule.
Herder Verlag, 2013.
ISBN 978-3-451-32644-8

Kremer, Bruno P.:
Wildkräuter & Heilpflanzen.
Der kleine BLV Führer für unterwegs.
BLV Buchverlag, 2015.
ISBN 978-3-8354-1437-2

Redaktionsteam Verlag an der Ruhr:
Merk-Poster.
Hygiene-Tipps auf einen Blick.
Kl. 1–4. Verlag an der Ruhr, 2015.
ISBN 978-3-8346-2715-5

Schmidt, Susanne Leontine u. a.:
Der kleine Koch. Lieblingsrezepte für Kinder.
oekom Verlag, 2015.
ISBN 978-3-86581-738-9

Wetzstein, Cora:
Das Power-Buch Ernährung für Kinder.
Alles über Essen, Trinken und Bewegung.
Ab 8 J. Verlag an der Ruhr, 2012.
ISBN 978-3-8346-0953-3

Internet für Kinder

Hier finden Sie interaktive Ernährungsquizze für Kinder:

www.kidsweb.de/quis/ernaehrung/ernaehrung.htm

www.netdoktor.de/quiz/ernaehrungsquiz-fuer-kinder

Ob Kinder-Ernährungsquiz oder Stevia als Zuckerersatz: Hier finden Sie viele interessante Beiträge zum Thema Gesunde Ernährung: www.kindernetz.de